Dinosaurier

Entdecke die Tiere der Urzeit

Text von
Dr. Dean Lomax

DK

DK Penguin Random House

Lektorat Olivia Stanford, Radhika Haswani, Niharika Prabhakar, Jonathan Melmoth, Monica Saigal, Francesca Young, Sarah Larter
Gestaltung und Bildredaktion Nidhi Mehra, Lucy Sims, Rashika Kachroo, Dheeraj Singh, Vijay Kandwal, Rituraj Singh, Sakshi Saluja, Diane Peyton Jones, Romi Chakraborty, Glenda Fernandes, Malavika Talukder, Helen Senior
Umschlaggestaltung Issy Walsh, Lucy Sims, Dheeraj Arora
Herstellung Abi Maxwell, Inderjit Bhullar

Für die deutsche Ausgabe:
Programmleitung Monika Schlitzer
Redaktionsleitung Martina Glöde
Projektbetreuung Janna Heimberg
Herstellungsleitung Dorothee Whittaker
Herstellungskoordination Arnika Marx
Herstellung Claudia Bürgers

Titel der englischen Originalausgabe:
My Book of Dinosaurs and Prehistoric Life

Übersetzung Eva Sixt
Lektorat Agnes Pahler

ISBN 978-3-8310-4214-2

Druck und Bindung
Leo Paper Products, China

FSC MIX
Papier aus verantwortungsvollen Quellen
FSC® C020056
www.fsc.org

www.dk-verlag.de

Inhalt

Wie entstand das Leben?

Warum es Leben gibt, ist eine spannende Frage. Auf der frühen Erde war es heiß, und es gab nur wenig Sauerstoff. Die meisten Wissenschaftler nehmen an, dass das Leben im Wasser entstand und dass sich alle Lebewesen aus winzigen Mikroorganismen entwickelt haben.

Ursprung des Lebens

Wie das Leben entstand, ist noch immer eine der schwierigsten Fragen. Vielleicht war ein Blitzschlag entscheidend, oder das erste Lebewesen bildete sich bei einer chemischen Reaktion im Wasser. Nach einer anderen Theorie brachten Meteoriten Mikroorganismen auf die Erde.

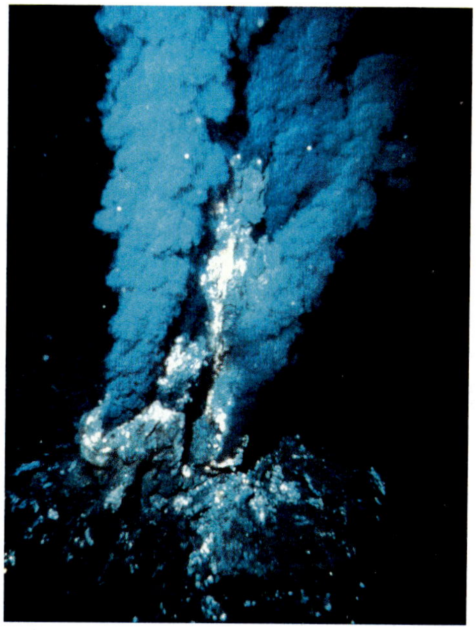

Vielleicht ist das Leben bei hydrothermalen Schloten in der Tiefsee entstanden. Dort strömt heute noch kochend heißes Wasser aus, das gelöste Mineralien aus der Erdkruste enthält.

Stromatolithen sind Gesteine, die von Blaualgen gebildet werden. Diese Mikroorganismen gehören zu den ersten Lebewesen der Erde. Die ältesten Stromatolithen sind 3,5 Milliarden Jahre alt.

Lebewesen

Auf der Erde gibt es Lebewesen in vielen Formen und Größen, von winzigen Bakterien bis hin zu Säugetieren. Die Hauptgruppen sind die Mikroorganismen, Pilze, Pflanzen und Tiere. Diese Gruppen werden weiter unterteilt. Vertreter aller großen Gruppen lebten bereits vor vielen Jahrmillionen auf der Erde.

Einiosaurus

Mikroorganismen und Pilze

Mikroorganismen sind so klein, dass man sie nur unter dem Mikroskop sehen kann. Einige, wie die Kieselalgen, bestehen aus einer einzigen Zelle. Zu den Pilzen gehören kleine Lebewesen wie Hefe- und Schimmelpilze, aber auch größere, wie die Ständerpilze.

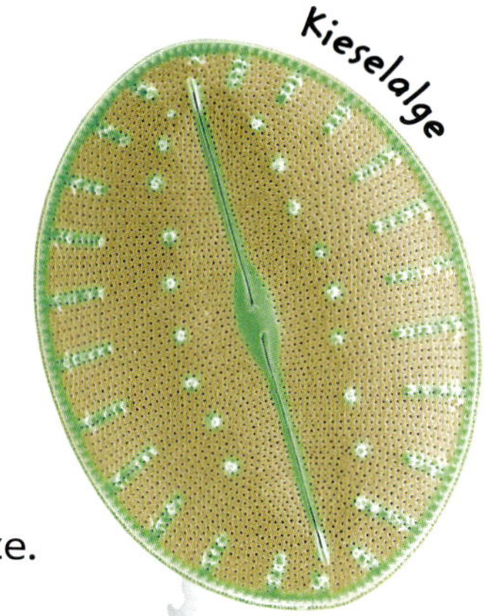

Kieselalge

Fliegenpilz (ein Ständerpilz)

99,9 % aller Arten, die jemals auf der Erde lebten, sind heute ausgestorben.

Walchia (ein Nadelbaum)

Tiere

Die ersten Tiere entwickelten sich vor mehr als 500 Mio. Jahren. An Fossilien kann man erkennen, dass einige Tiere der Urzeit, wie der Horndinosaurier Einiosaurus oder das nashornähnliche Uintatherium, anders aussahen als die heute lebenden Tiere.

Pflanzen

Die ersten Pflanzen wuchsen im Wasser. Vor etwa 500 Mio. Jahren besiedelten einige von ihnen das Land. Urzeitliche Pflanzen wie Sciadophyton gaben Sauerstoff ab, den die Landtiere atmeten.

Evolution

Die Evolutionstheorie erklärt, wie sich die Tiere und Pflanzen im Lauf vieler Generationen verändern und allmählich zu neuen Arten entwickeln. Ausgearbeitet hatten sie unabhängig voneinander zwei Naturkundler des 19. Jahrhunderts: Charles Darwin und Alfred Russel.

Aus Fischen entwickelten sich die ersten Amphibien, die sich an Land fortbewegten.

Erdgeschichte

Nicht alle Tiere der Urzeit lebten gleichzeitig. Man unterteilt die Erdgeschichte in Abschnitte, wie Erdzeitalter oder Ära und dann weiter in Perioden (z.B. Kambrium). Hier ein Überblick:

Erdzeitalter
- frühe Erde
- Erdaltertum
- Erdmittelalter
- Erdneuzeit

Mio. J. vor Millionen Jahren

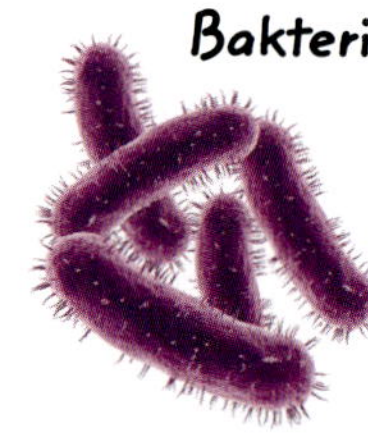
Bakterien

3500–542 Mio. J.

Erstes Leben

Die ersten Lebewesen waren winzige Bakterien. Die ältesten Versteinerungen sind mindestens 3,5 Milliarden Jahre alt.

Brachiosaurus

Eoraptor

299–252 Mio. J.

Perm

Es gab nun viele Reptilien, und die Gruppe entwickelte sich zu den vorherrschenden Landtieren. Am Ende dieser Periode fand das größte Massenaussterben aller Zeiten statt.

252–201 Mio. J.

Trias

Nach dem Massenaussterben zum Ende des Perm entwickelten sich viele neue Tiere, darunter die Ichthyosaurier in den Meeren, die Flugsaurier in den Lüften und die Dinosaurier an Land.

201–146 Mio. J.

Jura

Die ersten riesigen Dinosaurier erschienen in dieser Periode. Am Boden und in den Bäumen lebten bereits kleine Säugetiere.

Alxasaurus

146–66 Mio. J.

Kreide

Die Dinosaurier herrschten in der Kreide vor, aber alles änderte sich, als ein gewaltiger Meteorit einschlug. Die ersten Blütenpflanzen entwickelten sich.

Basilosaurus

66–23 Mio. J.

Paläogen

Das Leben erholte sich nach dem Einschlag des Meteoriten allmählich und viele Säugetiere entwickelten sich. In den Meeren schwammen die ersten Wale.

Trilobit

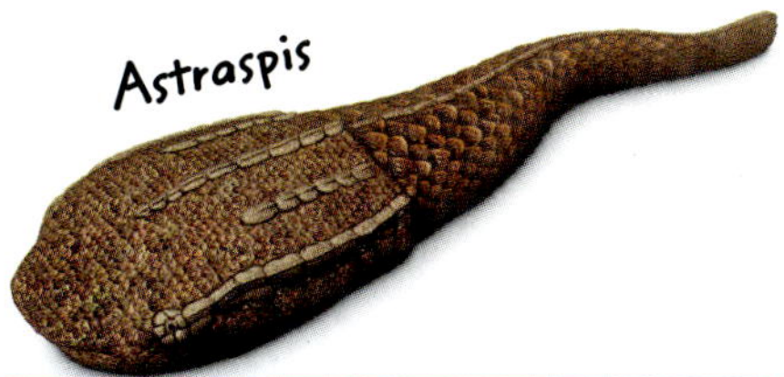

Astraspis

Cooksonia

542–485 Mio. J.

Kambrium

Die Hauptgruppen der Tiere entwickelten sich während der sogenannten „Kambrischen Explosion", darunter die Tiere mit robusten Außenskeletten.

485–444 Mio. J.

Ordovizium

Im Ordovizium wimmelte es in den Meeren von neuen Lebewesen. Unter ihnen waren ursprüngliche kieferlose Fische wie Astraspis.

444–419 Mio. J.

Silur

In den warmen Meeren des Silurs gab es große Korallenriffe. An Land breiteten sich Pflanzen wie Cooksonia aus.

Scutosaurus

Farn

Tiktaalik

419–359 Mio. J.

Devon

Im Devon entwickelten sich aus Fischen Amphibien mit vier Beinen. Sie verließen das Wasser und machten die ersten Schritte an Land.

359–299 Mio. J.

Karbon

An Land wuchsen riesige tropische Sümpfe. Große Gliedertiere fraßen die üppigen Pflanzen. Es entwickelten sich Amphibien, so groß wie Kleinwagen, und die ersten Reptilien.

Deinotherium

23–3 Mio. J.

Neogen

Viele moderne Tiertypen erschienen in dieser Zeit, etwa das Deinotherium, ein früher Elefant. Die ersten Vorfahren der Menschen traten ebenfalls auf.

Tiger

3 Mio. J.

Quartär

Wir leben im Quartär. Viele Säugetiere, wie die Mammuts, sind bereits wieder ausgestorben. Doch es entstanden viele neue Arten.

Wie alt ist die Erde?

Geologen schätzen das Alter der Erde auf 4,54 Milliarden Jahre. Dieser Stein aus den Jack Hills in Australien enthält Mineralien, die 4,4 Milliarden Jahre alt sind.

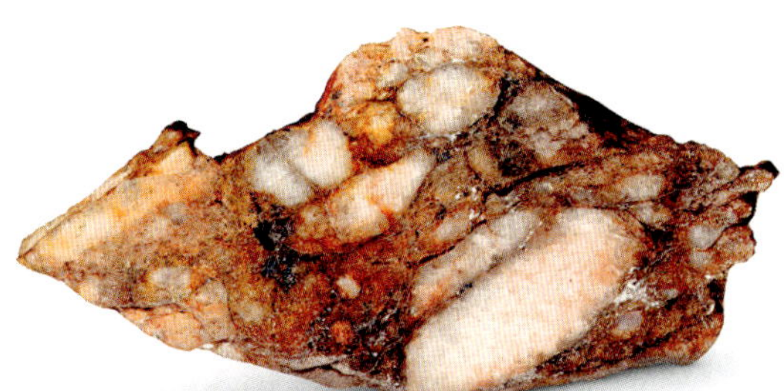

Die ältesten Mineralien der Erde

Die Erde wandelt sich

Im Lauf ihrer 4,54 Milliarden Jahre langen Geschichte hat sich die Erde stark verändert. Gebirge wurden aufgefaltet und wieder abgetragen, Meere haben sich geöffnet und wieder geschlossen, Superkontinente stießen zusammen oder drifteten auseinander.

Superkontinente sind riesige Landmassen.

Im Archaikum war ein großer Teil der Erde von Ozeanen bedeckt.

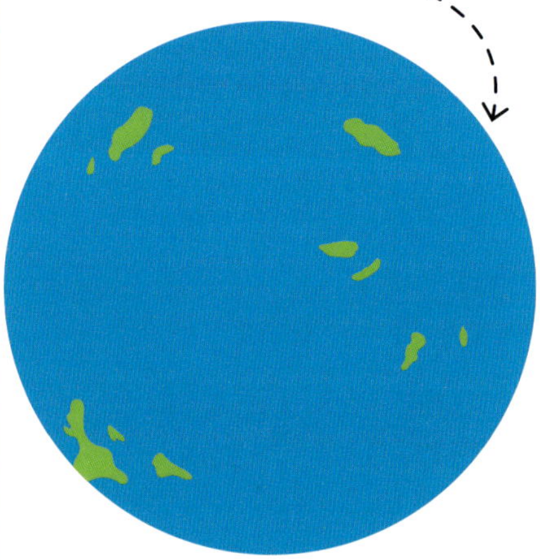

Archaikum

Die Kontinente bildeten sich schon vor 4 bis 2,5 Milliarden Jahren. Es gab damals nur winzige Lebewesen. In den Meeren waren Kolonien aus schleimigen Algen verbreitet.

Kambrium

Das Kambrium war der erste Abschnitt des Erdaltertums. Das Leben entwickelte sich rasch. Als ein früher Superkontinent zerbrach, entstanden viele kleinere Kontinente und der neue Großkontinent Gondwana.

Karbon

Im Karbon drifteten die Kontinente weiter über die Erdoberfläche. Sie bildeten den Superkontinent Pangäa, der sich von der Nähe des Nordpols bis zum Südpol erstreckte. Er war vom gewaltigen Ozean Panthalassa umgeben.

Dieses Tal im Thingvellir-Nationalpark auf Island ist entstanden, weil sich hier zwei tektonische Platten auseinander bewegen.

Tektonische Platten

Die äußere Gesteinsschicht der Erde ist in große Platten zerbrochen. Diese tektonischen Platten bewegen sich ständig über das zähflüssige Gestein im Erdinneren. Sie driften auseinander, stoßen zusammen oder gleiten aneinander vorbei. Dabei verändert sich die Form und Lage der Kontinente, die sich auf den Platten befinden.

Jura

Pangäa zerbrach, und einige Kontinente sahen schon ähnlich wie heute aus. Auf der ganzen Erde war es warm. An den Polen gab es wahrscheinlich keine Eiskappen und der Meeresspiegel war viel höher als heute.

Im Paläogen lag Afrika teilweise unter Wasser.

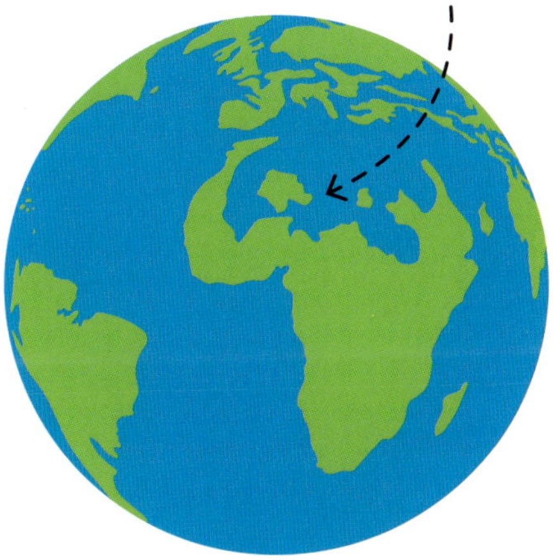

Paläogen

In dieser Periode drifteten die Kontinente auseinander und sehen immer mehr so aus wie heute. Der Himalaja wurde aufgefaltet, als die tektonischen Platten von Indien und Eurasien zusammenstießen.

Heute

Derzeit unterscheiden wir auf der Erde sieben Kontinente: Europa, Asien, Afrika, Nordamerika, Südamerika, Australien und Antarktika. Sie bewegen sich weiterhin sehr langsam über die Erdkugel.

Fossilien

Fossilien sind die Überreste von Lebewesen der Urzeit. Sie beweisen, dass die Erde bereits vor langer Zeit von vielen verschiedenen Tieren und Pflanzen bevölkert war. Manchmal sind ganze Skelette von Tieren versteinert.

Gewöhnlich sind nur Teile eines Tierkörpers versteinert, aber man hat auch ganze Skelette gefunden, wie dieses Flugsaurier-Skelett.

Selten sind sogar Haut, Fell oder Federn zu erkennen.

Verschiedene Fossilien

Paläontologen teilen Fossilien in zwei Haupttypen ein: Körperfossilien wie Knochen, Zähne oder Blätter und Spurenfossilien wie Fußspuren, Kot, Nester und Baue.

Dieser Schädel von Albertosaurus ist ein Körperfossil. Man erkennt gut, wie das Tier ausgesehen hat.

Versteinertes Holz zählt man auch zu den Körperfossilien. Bei diesem Aststück kann man die Struktur der Rinde erkennen.

Fußspuren sind recht häufig erhalten geblieben. Man kann aus ihnen oft ableiten, wie sich das Tier fortbewegt hat.

Fossilienbildung

Nur ein winziger Teil der Tiere und Pflanzen, die jemals gelebt haben, ist versteinert. Ob ein Lebewesen versteinert, hängt davon ab, wo es gestorben ist. Meistens sind nur die harten Teile erhalten, wie Knochen, Zähne oder Baumrinde.

Mehr als 1500 Dinosaurier sind nach ihren Fossilien bekannt.

Ein Lebewesen stirbt

Ein Flugsaurier ist gestorben. Er war vielleicht alt, hatte einen Flugunfall oder wurde von einem Räuber getötet. Das ganze Tier oder Teile von ihm können versteinern. Weiche Körperteile verwesen.

Die Reste werden verschüttet

Für den Versteinerungsprozess ist es wichtig, dass das tote Lebewesen mit Schlamm oder Sand bedeckt wird. Das kann passieren, wenn es im oder nahe am Wasser gestorben ist.

Bernstein

Manchmal sind Pflanzenteile, Insekten oder andere Tiere in der Urzeit an Baumharz klebengeblieben. Im Lauf der Zeit wurde das Harz um sie herum zu Bernstein.

Eine Fossiliensucherin

Mary Anning (1799–1847) war eine der ersten Paläontologinnen. Sie lebte in Lyme Regis in England. Schon als Mädchen sammelte sie Fossilien. Als sie 12 Jahre alt war, legte sie einen Ichthyosaurier frei.

Mary Anning mit ihrem Hund Tray

Mineralien ersetzen die Reste

Wenn sich noch mehr Sand oder Schlamm über dem Skelett ablagern, werden die Knochen und Zähne allmählich von Mineralien aus den Ablagerungen ersetzt. Dabei verwandelt sich das Tier in ein Fossil aus Stein.

Das Fossil wird entdeckt

Nach Jahrmillionen wird das Fossil vielleicht von einem Fossiliensucher entdeckt. Es kann sehr lange dauern, bis es freigelegt ist. Das Gestein, in das es eingebettet ist, muss vorsichtig entfernt werden.

Entwicklung der Pflanzen

Die Pflanzen haben sich vor mehr als zwei Milliarden Jahren aus winzigen Bakterien entwickelt. Weil Pflanzen mithilfe der Energie aus dem Sonnenlicht Fotosynthese betreiben und Nährstoffe aufbauen, konnten sie sich vor 500 Mio. Jahren auf dem Festland ausbreiten.

Palmfarn

Palmfarn

Die Palmfarne entwickelten sich im frühen Perm. In dieser Periode des Erdmittelalters breiteten sich Palmfarne auf allen Kontinenten aus. Etwa 20 Prozent aller Landpflanzen waren Palmfarne.

Farne

Die ersten Farne entwickelten sich im Devon. Im Karbon waren sie weit verbreitet. In dieser Periode waren sie eine sehr wichtige Pflanzengruppe. Sie wuchsen vor allem in riesigen Sümpfen.

Farn

Moose

Die ersten Pflanzen, die das Land besiedelten, sahen wahrscheinlich ähnlich aus wie Moose. Laub-, Leber- und Hornmoose sind die ältesten Landpflanzen, von denen man Fossilien gefunden hat.

Laubmoos

Blütenpflanzen

Blütenpflanzen sind heute die am weitesten verbreitete Pflanzengruppe. Etwa 90 Prozent aller Landpflanzen gehören dazu. Die ersten Blütenpflanzen entwickelten sich in der frühen Kreide vor etwa 130 Mio. Jahren.

Hahnenfuß

Farnblatt mit Sporen

Zapfen

Blüte

Früchte mit Samen

Vermehrung von Pflanzen

Pflanzen vermehren sich auf unterschiedliche Weise. Einige bilden winzige Sporen, andere größere Samen. Die meisten Pflanzen der Urzeit bildeten auf speziellen Blättern oder in anderen Pflanzenteilen Sporen. Samen entwickeln sich in Zapfen oder in Blüten.

Nadelbäume

Nadelbäume gibt es seit dem späten Karbon. Im Erdmittelalter waren sie die vorherrschenden Landpflanzen. Zu ihnen gehören die am höchsten wachsenden Lebewesen der Erde.

Nadelbaum

Gräser

Heute wächst fast überall Gras. Man kann sich eine Welt ohne Gräser kaum vorstellen. In der Urzeit gab es lange Zeit keine Wiesen, denn Gräser entwickelten sich erst in der Kreide. In den versteinerten Mägen und im Kot von Dinosauriern hat man Gräser gefunden.

Prärie in Nordamerika

Bärlapp

Bärlapp-Pflanzen

Diese Pflanzen sind eine sehr alte Klasse von Gefäßpflanzen. Anders als Moose besitzen sie in den Stängeln und Blättern Leitgefäße für den Transport von Wasser und Nährstoffen.

Araukarie

Die Araukarie ist ein Nadelbaum, den man auch als „lebendes Fossil“ bezeichnet. Noch heute wachsen diese Bäume, aber einige Arten gab es bereits im Jura.

Steckbrief

- **Höhe:** 80 m
- **Vermehrung:** Zapfen mit Samen
- **Periode:** Jura
- **Fundorte:** Asien, Europa, Australien, Südamerika

Weiblich

Araukarien tragen weibliche und männliche Zapfen. Die Samen entwickelten sich in den weiblichen Zapfen.

Männlich

Pollen wird in den männlichen Zapfen gebildet. Sie sind schmaler als die weiblichen Zapfen.

Ausgewachsene Araukarien haben dicke, schuppenförmige Blätter mit scharfen Rändern.

Der Stamm ist gerade, schlank und hoch. Man hat viele versteinerte Stämme von Araukarien gefunden.

Die Zweige sind an den Enden nach oben gebogen. Wahrscheinlich haben Sauropoden die Spitzen abgefressen.

Schmuckstein

Gagat, auch Pechkohle oder Jett genannt, entsteht aus versteinertem Holz. Besonders schöne Stücke versteinerter Araukarien findet man in Juragestein bei der englischen Stadt Whitby.

Gagat

Williamsonia

Diese Pflanze gehörte zu einer ausgestorbenen Gruppe der Samenpflanzen, die ähnlich wie heutige Palmfarne aussahen. Die meisten Fossilien stammen aus dem Erdmittelalter. Man weiß, dass diese Pflanzen zwei Massenaussterben überlebt haben.

Steckbrief

- **Höhe:** 3 m
- **Vermehrung:** Zapfen mit Samen
- **Periode:** Jura
- **Fundorte:** weltweit

Oben am Stamm von Williamsonia saßen Blätter, die an Farnwedel erinnerten.

Am verholzten Stamm sieht man rautenförmige Narben – dort waren Blätter abgefallen.

Williamsonia wurde so hoch wie ein Strauß.

Palmfarn

Die Zapfen wurden in der Urzeit vielleicht von Insekten bestäubt.

Palmfarne

Williamsonia ähnelte einem Palmfarn, aber bei dieser Gruppe von Urzeitpflanzen sahen die Zapfen wie Blüten aus. Man hat Versteinerungen von beiden Gruppen gefunden, aber nur die Palmfarne gibt es heute noch.

Bärlapp-Pflanzen

Diese Pflanzengruppe hat sich vor mehr als 400 Mio. Jahren entwickelt. Im Karbon gab es sowohl kleine Sträucher als auch hohe Bäume. Die heutigen Bärlapp-Pflanzen sind ziemlich klein.

Steckbrief

- **Höhe:** 3 m
- **Vermehrung:** Zapfen, die Sporen bilden
- **Periode:** Trias
- **Fundorte:** weltweit

An der Spitze bildete sich ein einziger riesiger Zapfen, in dem die Sporen reiften.

Pleuromeia hatte einen Stamm, aber keine Äste.

Pleuromeia

Zu Beginn der Zeit der Dinosaurier breiteten sich Pleuromeia-Wälder überall auf der Erde aus. Die ersten Fossilien fand man zufällig in einem der Sandsteine, aus denen die Kathedrale von Magdeburg gebaut ist.

Steckbrief

- **Höhe:** 45 cm
- **Vermehrung:** Sporen
- **Periode:** Devon
- **Fundorte:** Europa

Die Schuppen waren keine echten Blätter, aber mit ihnen konnte die Pflanze trotzdem Fotosynthese betreiben.

Asteroxylon

Diese frühe Landpflanze war eine der ersten Bärlapp-Pflanzen. Sie entwickelte sich vor etwa 410 Mio. Jahren. Eine robuste Außenschicht verhinderte, dass sie bei Hitze austrocknete.

Siegelbaum

Diese Pflanze wurde enorm hoch. Die unteren Blätter fielen ab und hinterließen ein Muster aus Narben am Stamm. Siegelbäume waren im Karbon weit verbreitet und starben im Perm aus.

Steckbrief

- **Höhe:** 30 m
- **Vermehrung:** Zapfen, die Sporen bilden
- **Periode:** Karbon
- **Fundorte:** weltweit

Schuppenbaum

Dieser Baumriese war mit nur 20 Jahren ausgewachsen. Schuppenbäume bildeten tropische Wälder am Rand von Sümpfen. Unten am Stamm setzten dicke, wurzelähnliche Stützen an.

Oben teilte sich der Stamm in verzweigte Äste auf.

Kohle besteht meist aus den Überresten von Bärlapppflanzen.

Der Stamm war nicht verzweigt oder er verzweigte sich nur einmal.

Schuppenbaum-Fossil

Die Rinde hatte ein Muster, das an Reptilienschuppen erinnert.

Siegelbaum-Fossil

Höcker und Rillen in der Rinde eines Siegelbaums standen senkrecht in Reihen.

Steckbrief

- **Höhe:** 50 m
- **Vermehrung:** Zapfen mit Sporen
- **Periode:** Karbon
- **Fundorte:** weltweit

Baumfarn

Dieser Baumfarn wuchs wahrscheinlich in Sümpfen. Er war in der Kreide weit verbreitet. Man weiß von mehr als 20 verschiedenen Arten, weil man ihre versteinerten Stämme gefunden hat.

Steckbrief

- **Höhe:** 6 m
- **Vermehrung:** Blüten
- **Periode:** Kreide
- **Fundorte:** weltweit

Eingerollter Wedel

Junge Farnwedel entrollen sich allmählich.

Wedel

Der Farnwedel hat sich entfaltet.

Die Pflanze trug überall Blätter. Die heutigen Baumfarne dagegen haben oben eine Krone aus Blättern.

Der Stamm bestand aus etwa 200 einzelnen Stämmen, die von einem Wurzelgeflecht umgeben waren. Dieser „falsche Stamm" konnte bis 50 cm Durchmesser haben.

Baumfarne

Heutige Baumfarne wachsen langsam. Man findet sie in subtropischen Wäldern auf der ganzen Erde. Die Blätter großer Baumfarne können 2 m lang oder länger sein.

Baumfarn

Magnolie

Heute kennt man etwa 300 Magnolienarten. Die ersten Mitglieder der Familie entwickelten sich in der späten Kreide vor etwa 100 Mio. Jahren. Vermutlich haben viele Dinosaurier diese Pflanzen gefressen.

Steckbrief

- » **Höhe:** 30 m
- » **Vermehrung:** Blüten
- » **Periode:** Kreide
- » **Fundorte:** weltweit

Die Immergrüne Magnolie hat große, weiße Blüten und sieht sehr ähnlich wie ihre Verwandten in der Urzeit aus.

Die Blüte ist unempfindlich. Käfer, die den Pollen fressen und die Blüte dabei bestäuben, können nicht allzu viel Schaden anrichten.

Manche Magnolien sind klein und strauchähnlich, aber die Immergrüne Magnolie wächst zu einem Baum heran.

Magnolienknospe

Ein Winterpelz

Einige Magnolien bilden schon im Winter Knospen. In der kalten Jahreszeit sind diese von pelzigen, wärmenden Schuppenblättern umgeben.

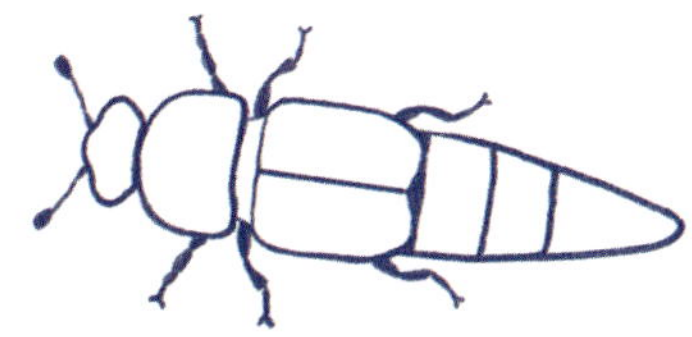

Magnolienblüten werden von Käfern bestäubt. Diese Blütenpflanzen haben sich entwickelt, als es noch keine Bienen gab.

Entwicklung der Tiere

Sinodelphys

Die ersten komplexer gebauten Tiere tauchten vor mehr als 500 Mio. Jahren auf. Paläontologen erforschen Fossilien aus allen Erdteilen, um zu verstehen, wann die einzelnen Tiergruppen in Erscheinung traten und wie sie sich weiterentwickelt haben.

Alle Tiere der Urzeit und alle heutigen sind miteinander verwandt.

Amphibien

Amphibien leben meistens im Wasser, aber sie können es auch verlassen. Sie entwickelten sich im Devon und waren die erste Tiergruppe, die das Land beherrschte. Amphibien des Perm, wie Eryops, bekamen Konkurrenz von frühen Verwandten der Säugetiere.

Eryops

Dipterus

Fische

Fische waren die ersten Tiere mit einer Wirbelsäule. Sie verbreiteten sich in allen Meeren. Das älteste Fischfossil, das man kennt, stammt aus dem Kambrium. Einige spätere Fische, wie Dipterus, atmeten Luft.

Säugetiere

Die ersten Säugetiere entwickelten sich in der Trias vor etwa 225 Mio. Jahren, bald nach den ersten Dinosauriern. Zur Gruppe gehören viele unterschiedliche Tiere – von Fledermäusen bis zu Gürteltieren, von Walen bis zum Menschen. Viele frühe Säugetiere, wie Sinodelphys, waren klein und rattenähnlich.

Nahrung

Zu den Tieren gehören Pflanzen-, Fleisch- und Allesfresser. Fleischfresser wie Velociraptor und Pflanzenfresser wie Iguanodon hatten unterschiedlich geformte Zähne. Die einen kauten Pflanzen, während die anderen Fleisch zerkleinerten.

Zahn von Iguanodon

Zahn von Velociraptor

Argentavis

Vögel

Vor mehr als 150 Mio. Jahren, im Jura, entwickelten sich aus Dinosauriern die Vögel. Sie bilden die einzige Dinosauriergruppe, die bis heute überlebt hat. Am Himmel flogen riesige Vögel wie Argentavis, der im Neogen lebte.

Reptilien

Die Reptilien entwickelten sich im Karbon aus Amphibien. Ihre Eier waren wasserundurchlässig. Anders als die Amphibien konnten sie deshalb ihr ganzes Leben an Land verbringen. Viele, wie der krokodilähnliche Protosuchus, konnten trotzdem schwimmen.

Protosuchus

Marella

Wirbellose Tiere

Die ersten Tiere, die sich auf der Erde entwickelten, waren wirbellose Tiere. Zu ihnen gehören viele Gruppen – von Schnecken bis hin zu Spinnen, Würmern und Korallen. Keine der Gruppen hat ein Innenskelett aus Knochen. Im Kambrium gab es seltsame Wirbellose wie Marella.

Dickinsonia

Vor etwa 570 Mio. Jahren lebte Dickinsonia, ein ursprüngliches und rätselhaftes Tier. Die Forscher sind sich nicht einig, wie es lebte. Man kann mehrere Typen unterscheiden, aber seine Lebensweise ist unbekannt.

Steckbrief

- **Länge:** 1 m
- **Nahrung:** Pflanzenfresser
- **Periode:** frühe Erde
- **Fundorte:** Asien, Europa und Australien

Dieser dreieckige Abschnitt könnte der Kopf gewesen sein. Manche Forscher glauben aber, dass es eher das Hinterende war.

Der Körper war flach wie ein Pfannkuchen.

In der Mitte unterteilte eine Furche die vielen Körperabschnitte.

Fossil von Dickinsonia

Ein Abdruck

Dickinsonia hatte keine harten Körperteile, deshalb sind alle Fossilien Abdrücke im Sand. Die ersten Fossilien fand man im 20. Jahrhundert in den Ediacara-Hügeln in Australien.

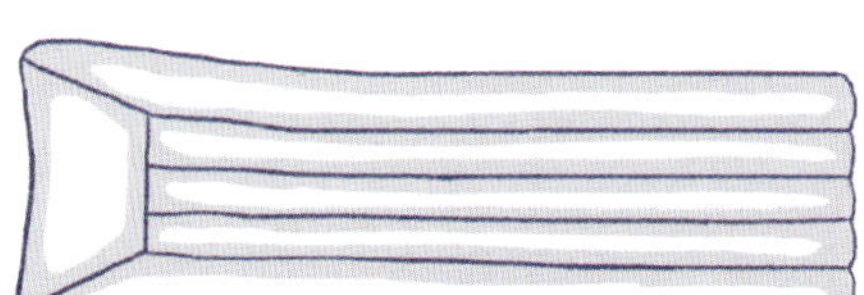

Die Abschnitte waren mit Körperflüssigkeit gefüllt. Der Körperbau erinnert ein wenig an eine Luftmatratze.

Hallucigenia

Hallucigenia gehört zu den seltsamsten Tieren, die man je gefunden hat. Das wurmförmige Tier lebte im Meer und trug Stacheln am Rücken. Forscher hielten die Stacheln zunächst für die Beine.

Steckbrief

- **Länge:** 5 cm
- **Nahrung:** Fleischfresser
- **Periode:** Kambrium
- **Fundorte:** Asien und Nordamerika

Mehrere Stachelreihen verliefen entlang des Rückens. Vielleicht boten sie Schutz vor Angriffen.

Hallucigenia hatte einen kleinen Kopf mit zwei einfach gebauten Augen und im Maul kleine nadelspitze Zähne.

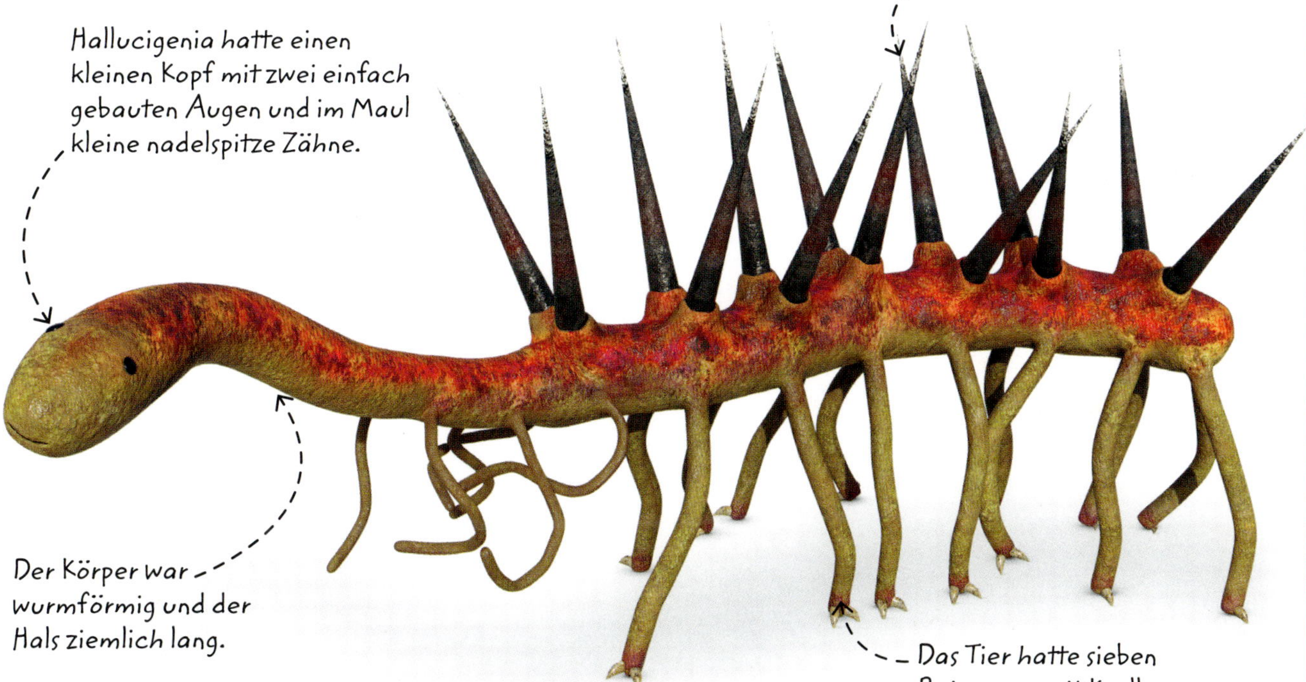

Der Körper war wurmförmig und der Hals ziemlich lang.

Das Tier hatte sieben Beinpaare mit Krallen. Die vorderen drei Paare waren Arme ohne Krallen.

Stummelfüßer

Wie die Wissenschaft bewies, könnte Hallucigenia zur Gruppe der Stummelfüßer gehört haben, die es heute noch gibt. Diese Tiere leben an Land und sie bewegen sich mit Beinen fort, die Krallen tragen.

Stummelfüßer

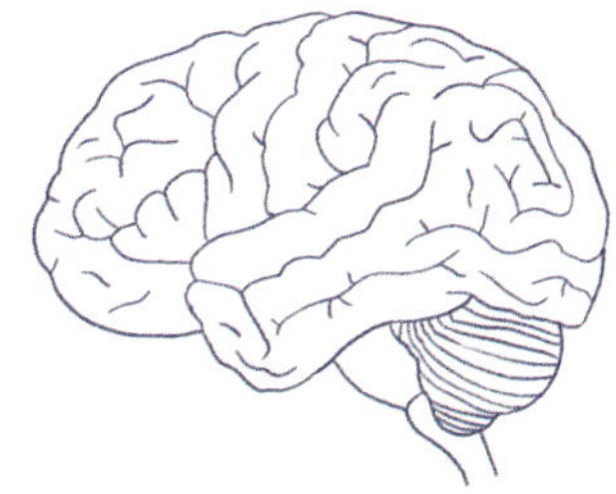

Der Name für das seltsame Tier bedeutet „Sinnestäuschung".

Trilobit

Diese Gruppe wirbelloser Meerestiere gehörte zu den erfolgreichsten Tieren der Urzeit. Alle Trilobiten verschwanden am Ende des Perm bei einem Massenaussterben. Man kennt Fossilien von mehr als 20 000 verschiedenen Trilobitenarten. **Paraceraurus** ist eine von ihnen.

Steckbrief

- **Länge:** 16 cm
- **Nahrung:** Fleischfresser
- **Periode:** Ordovizium
- **Fundorte:** Asien, Europa und Nordamerika

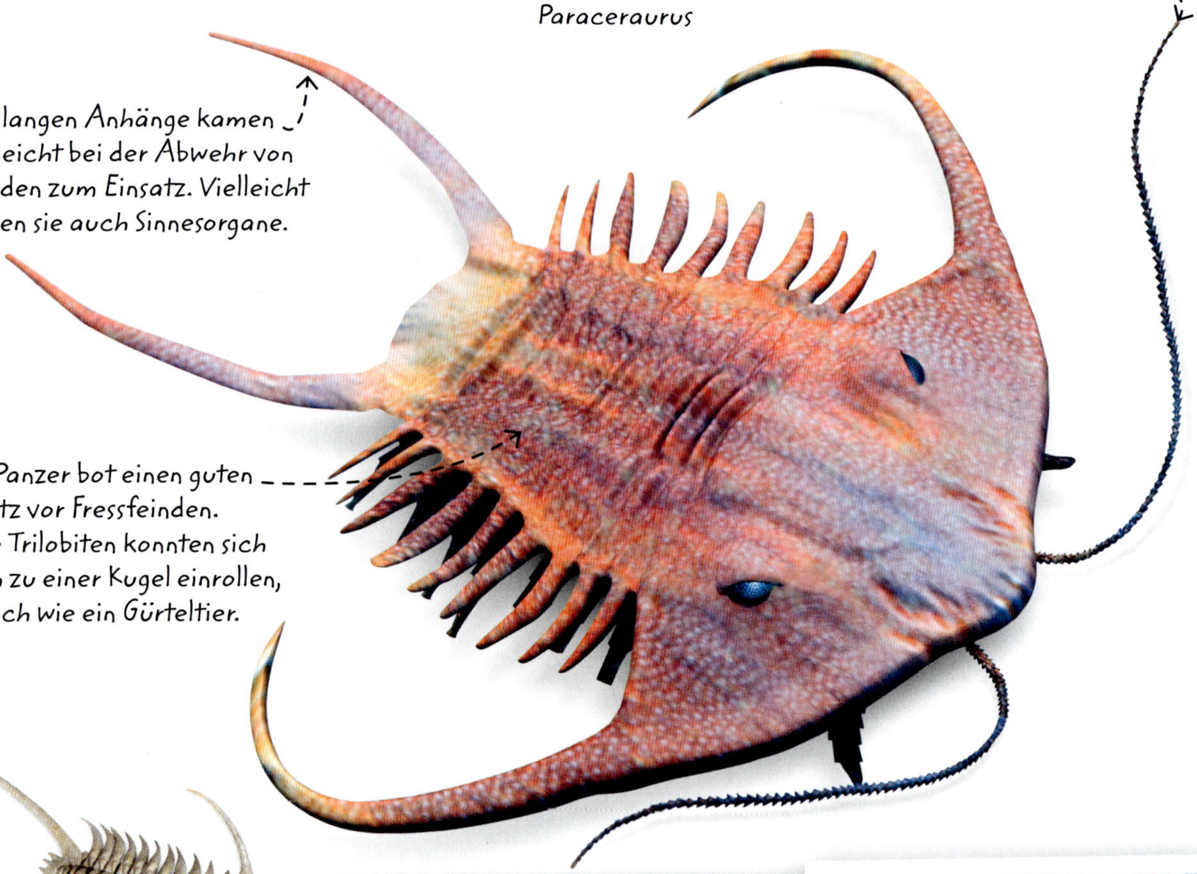

Ein feingliedriges Trilobitenfossil freizulegen, dauert Hunderte Stunden.

Burgess-Schiefer

Der Burgess-Schiefer in Kanada ist eine der wichtigsten Fossilienfundstätten der Erde. In den Gesteinen sind viele Fossilien eingeschlossen, die ungefähr 510 Mio. Jahre alt sind.

Burgess-Schiefer in Kanada

Anomalocaris

Anomalocaris war ein Riese in den Meeren des Kambriums. Der Räuber packte seine Beute mit seinen großen Mundwerkzeugen. Das wirbellose Tier erinnert an eine Garnele. Die ersten Fossilien fand man im berühmten Burgess-Schiefer.

Steckbrief

- » **Länge:** 1 m
- » **Nahrung:** Fleischfresser
- » **Periode:** Kambrium
- » **Fundorte:** Asien, Nordamerika und Australien

Das Kambrium

Im Kambrium breiteten sich viele Gruppen von Lebewesen rasch auf der Erde aus. Seltsame und wunderbare neue Tiere entwickelten sich, darunter Arten wie Anomalocaris und die rätselhafte Wiwaxia.

Wiwaxia

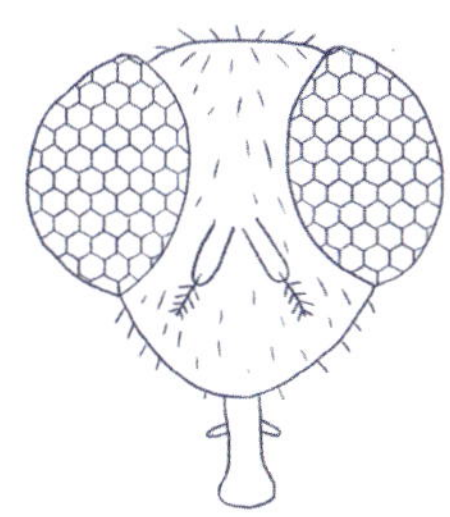

Anomalocaris hatte gute Augen. Wie bei einem Insekt bestanden sie aus Tausenden kleiner Linsen.

Koralle

Heliophyllum ist eine ausgestorbene Koralle. Die Versteinerungen der Skelette erinnern an Kuhhörner. Jeden Tag bildete sich am Skelett eine dünne Rille. Jedes Jahr waren es ungefähr 400 Rillen, denn die Erde drehte sich im Devon schneller als heute. Ein Jahr hatte damals deshalb mehr Tage.

Steckbrief

- » **Länge:** 15 cm Durchmesser
- » **Nahrung:** Fleischfresser
- » **Periode:** Devon
- » **Fundorte:** weltweit

Fossilien von Heliophyllum sind sehr häufig, und oft findet man viele an einer Stelle.

Heliophyllum

Mit Tentakeln, in denen vielleicht Nesselzellen saßen, fing das Tier kleine Beutetiere, die vorbeitrieben.

Die Tentakeln beförderten die Nahrung in den Mund.

Das spitze Ende des versteinerten Skeletts war wahrscheinlich am Grund des Meeres verankert.

Korallenriffe

Heliophyllum lebte allein, aber Korallenriffe bestehen aus vielen Korallen. An einem Riff wimmelt es von Tausenden anderer Tierarten, wie Fischen, Krebsen oder Weichtieren wie Tintenfischen und Schnecken.

Ein Korallenriff

Seelilie

Seelilien sehen eher aus wie Pflanzen, aber die Tiere sind mit den Seesternen und Seeigeln verwandt. Seelilien wie **Encrinus** saßen mit ihren langen Stielen am Meeresgrund fest. Ihren Namen haben sie bekommen, weil sie an Blumen erinnern.

Steckbrief

- » **Länge:** 2 m
- » **Nahrung:** Fleischfresser
- » **Periode:** Trias
- » **Fundorte:** Europa

Der lange Stiel der Seelilien besteht aus vielen kleinen Abschnitten. Man findet sie oft als Versteinerungen.

Encrinus

Den becherförmigen Kelch umgaben zehn gefiederte Arme, mit denen das Tier kleine Beutetiere aus dem Wasser filterte.

Unten am langen Stiel befanden sich wurzelähnliche Fortsätze, mit denen sich Encrinus am Grund verankerte.

Bei vielen der Fossilien sind die Arme aneinandergelegt.

Verwandtschaft

Die ältesten Fossilien von Seelilien sind etwa 485 Mio. Jahre alt. Man kennt Tausende von verschiedenen Arten. Noch heute leben etwa 600 Arten in den Meeren. Einige können über den Meeresgrund laufen.

Eine lebende Seelilie

Seeskorpion

Eurypterus gehört zur ausgestorbenen Gruppe der Seeskorpione. Diese wirbellosen Tiere waren in den Meeren der Urzeit Räuber, sie jagten Trilobiten und Fische. Mit über 2 Meter Länge waren sie die größten Gliederfüßer, die auf der Erde gelebt haben.

Steckbrief

- » **Länge:** 1,3 m
- » **Nahrung:** Fleischfresser
- » **Periode:** Silur
- » **Fundorte:** Europa und Nordamerika

Der größte Seeskorpion war 2,6 m lang.

Mit seinen paddelförmigen Beinen bewegte sich Eurypterus durch das Wasser. Vielleicht konnte er auch an Land laufen.

Der lange Schwanzstachel war womöglich eine Waffe.

Eurypterus

Die vorderen Beine dienten zum Laufen und zum Festhalten der Beute.

Seeskorpione

Forscher unterscheiden mehr als 200 verschiedene Seeskorpione. Der größte war Jaekelopterus. Mit 2,6 m Länge war er der größte Gliederfüßer aller Zeiten. Er hatte gewaltige Kieferklauen mit Zähnen.

Jaekelopterus

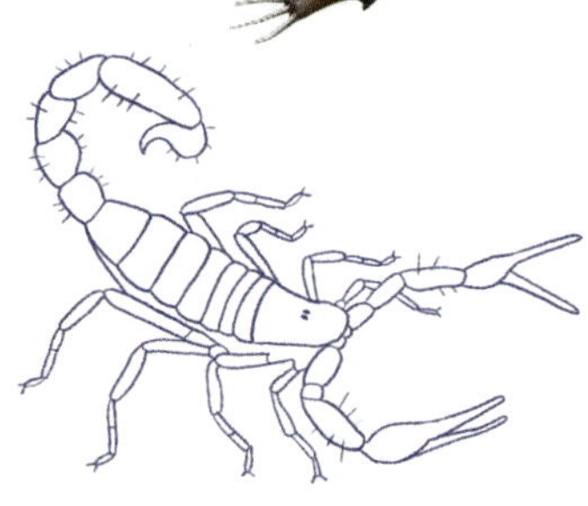

Seeskorpione sahen ähnlich wie heute lebende Skorpione aus, aber sie hatten keinen Giftstachel.

Pfeilschwanz-krebs

- **Länge:** 50 cm
- **Nahrung:** Fleischfresser
- **Periode:** Jura
- **Fundorte:** Europa, Afrika und Asien

Fossilien von **Mesolimulus** findet man häufig in den Kalksteinen von Solnhofen in Süddeutschland. Er ist dem heute lebenden Pfeilschwanzkrebs Limulus so ähnlich, dass man ihn früher für das gleiche Tier hielt.

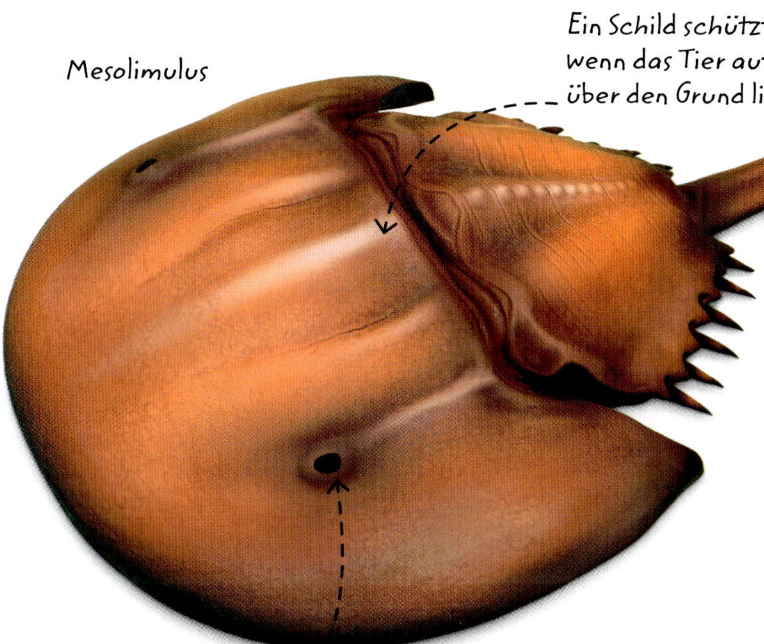

Mesolimulus

Ein Schild schützte den Körper, wenn das Tier auf zehn Beinen über den Grund lief.

Mit dem Stachelschwanz konnte sich Mesolimulus umdrehen, wenn er auf den Rücken gefallen war.

Wie die heute lebenden Pfeilschwanzkrebse hatte Mesolimulus zehn Augen. Zwei waren groß und die anderen acht sehr klein.

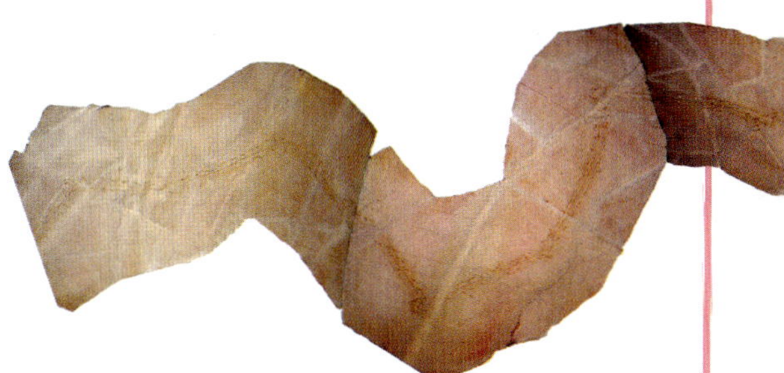

Diese 9,7 m lange Spur stammt von Mesolimulus. Das wissen wir genau, denn das Tier ist am Ende der Spur versteinert.

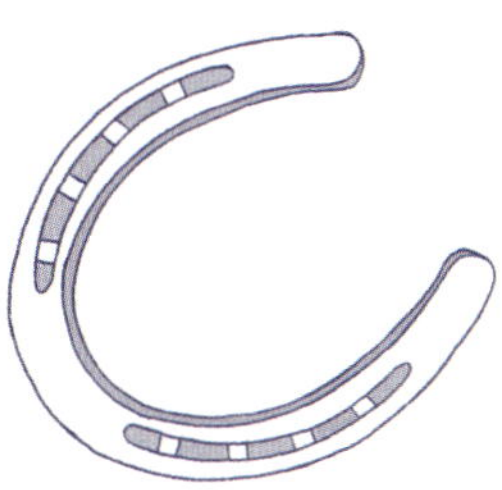

Die Form der Pfeilschwanzkrebse erinnert an ein Hufeisen.

Pfeilschwanzkrebs

Pfeilschwanz-krebse

Trotz ihres Namens sind Pfeilschwanzkrebse keine Krebse. Sie bilden eine Gruppe wirbelloser Tiere, die näher mit den Spinnen und Seeskorpionen als mit den Krebsen verwandt ist.

Ammonit

Die häufigsten Fossilien sind Ammoniten mit ihren spiralförmigen Gehäusen. Diese Meerestiere waren Verwandte der Tintenfische. Manche waren so klein wie eine Ein-Cent-Münze, andere so groß wie ein Traktorreifen. **Scaphites** war einer der letzten Ammoniten, die auf der Erde lebten.

Steckbrief

- » **Länge:** 20 cm
- » **Nahrung:** Fleischfresser
- » **Periode:** Kreide
- » **Fundorte:** weltweit

Dieses Fossil von Hoplites sieht aus, als wäre es aus Gold. Es besteht aus dem goldfarbenen Mineral Pyrit.

Scaphites

Ammoniten hatten wahrscheinlich acht bis zehn Arme.

Mit zwei langen Tentakeln packte das Tier seine Beute.

Ammoniten lebten in ihrer Schale. Die von Scaphites war ungewöhnlich, denn eine Seite war nicht so stark abgerundet.

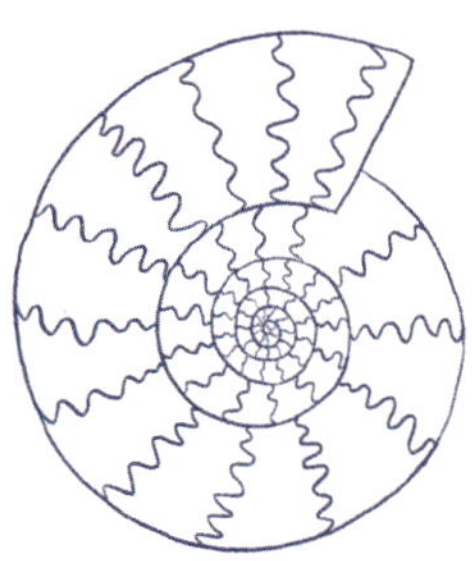

Bei einigen versteinerten Ammonitenschalen sieht man Schlangenlinien.

Perlboote

Das Perlboot, das heute noch lebt, ähnelt einem Ammoniten. Es hat ebenfalls eine gekammerte Schale, in der sich Wasser und Gas befinden. Es kann deren Anteile ändern und so aufsteigen oder absinken.

Nautilus

Belemnit

Cylindroteuthis war ein Belemnit und sah heute lebenden Kalmaren ähnlich. Versteinerte stabförmige Innenskelette von Belemniten findet man häufig. Selten erkennt man an den Fossilien auch weiche Körperteile, wie die Arme und den Tintensack.

Steckbrief

- » **Länge:** 22 cm
- » **Nahrung:** Fleischfresser
- » **Periode:** Jura
- » **Fundorte:** weltweit

Cylindroteuthis

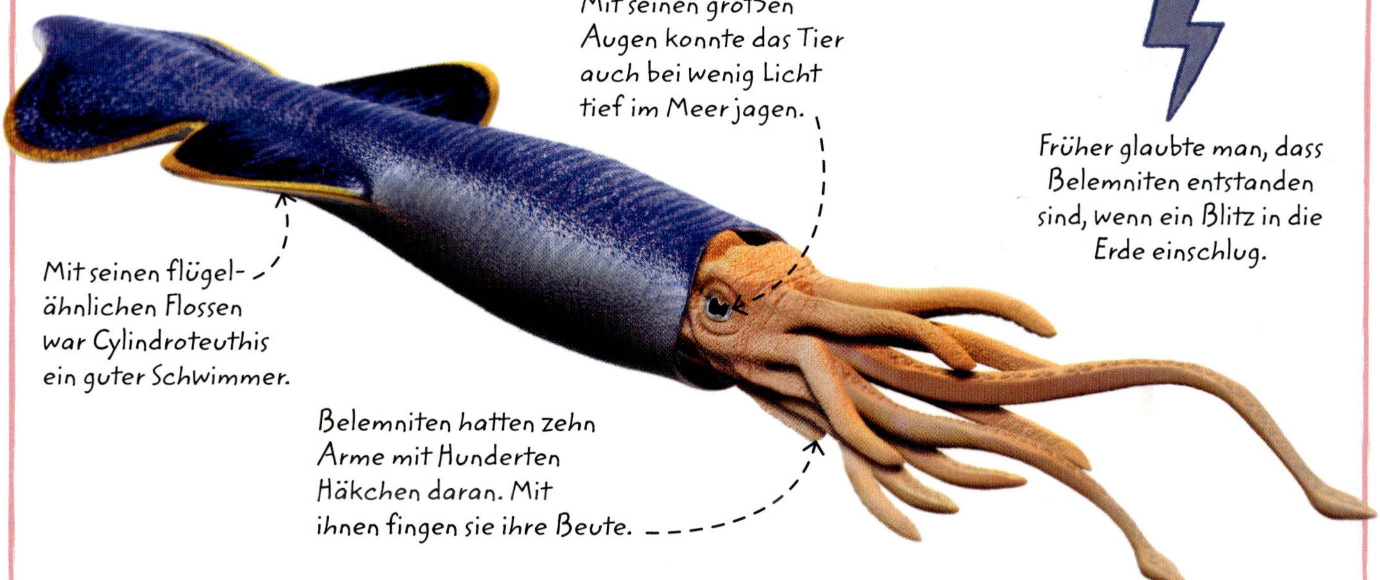

Mit seinen großen Augen konnte das Tier auch bei wenig Licht tief im Meer jagen.

Mit seinen flügelähnlichen Flossen war Cylindroteuthis ein guter Schwimmer.

Belemniten hatten zehn Arme mit Hunderten Häkchen daran. Mit ihnen fingen sie ihre Beute.

Früher glaubte man, dass Belemniten entstanden sind, wenn ein Blitz in die Erde einschlug.

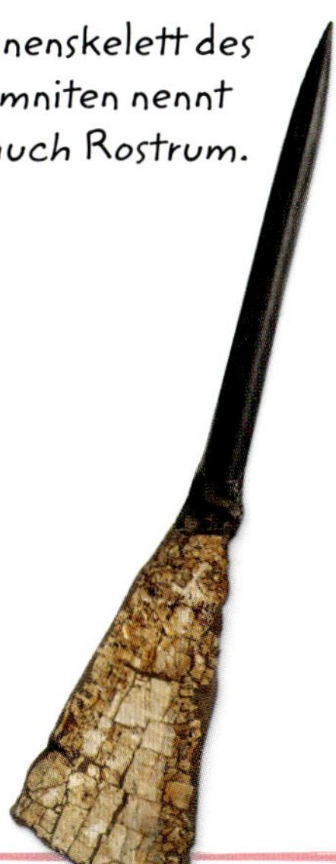

Das Innenskelett des Belemniten nennt man auch Rostrum.

Stützstäbe

Kalmare sind nahe Verwandte der Belemniten. Auch sie haben ein Innenskelett, das man Gladius nennt. Die Vorfahren der Kalmare besaßen Schalen. Im Lauf von Jahrmillionen haben sie sich ins Innere des Körpers verlagert.

Gladius eines Kalmars

Tausendfüßer

Arthropleura war länger, als die meisten Menschen groß sind. Er war ein riesiger Tausendfüßer. Während er wuchs, häutete er sein Außenskelett immer wieder. Dabei entstanden neue Körperabschnitte.

Steckbrief

- » **Länge:** 2,5 m
- » **Nahrung:** Pflanzenfresser
- » **Periode:** Karbon
- » **Fundorte:** Europa und Nordamerika

Bei einigen Fossilien von Arthropleura sind Pflanzenreste im Magen versteinert.

Arthropleura tastete mit seinen Fühlern, wenn er über den dunklen, feuchten Waldboden spazierte.

Der Körper bestand aus bis zu 30 Abschnitten. An jedem saßen zwei Beinpaare – das waren zusammen also etwa 120 Beine!

An versteinerten Spuren von Arthropleura kann man erkennen, dass die Beine etwa 50 cm Abstand hatten.

Tausendfüßer

Heute gibt es viele verschiedene Tausendfüßer. Die größten werden 40 cm lang, aber keine Art hat wirklich tausend Beine.

Riesentausendfüßer

Riesenlibelle

Lange Zeit vor den Flugsauriern, Vögeln und Fledermäusen erhoben sich Insekten auf Flügeln in die Lüfte. Die größten, die man kennt, waren die Riesenlibellen. **Meganeura** lebte vor 300 Mio. Jahren.

Steckbrief

- **Flügelspanne:** 75 cm
- **Nahrung:** Fleischfresser
- **Periode:** Karbon
- **Fundorte:** Europa

Libellen

Die heute lebenden Libellen sind Verwandte der Riesenlibellen, aber sie werden längst nicht so groß. Die Luft enthielt im Karbon mehr Sauerstoff als heute. Das war wahrscheinlich ein Grund, warum die Insekten so groß werden konnten.

Königslibelle

Meganeura hatte eine ähnliche Flügelspannweite wie ein Turmfalke.

Dunkleosteus

Dieser gepanzerte Riese gehörte zu einer ausgestorbenen Fischgruppe, den Placodermen. Dunkleosteus lebte zum Ende des Devon und konnte unglaublich kräftig zubeißen. Wahrscheinlich erbeutete er alles, was ihm vor das Maul schwamm.

Steckbrief

- **Länge:** 10 m
- **Nahrung:** Fleischfresser
- **Periode:** Devon
- **Fundorte:** Afrika, Europa und Nordamerika

Der riesige Kopf und die vordere Körperhälfte waren mit dicken Panzerplatten geschützt.

Mit den großen Flossen konnte Dunkleosteus rasch die Richtung ändern.

Statt Zähnen hatte Dunkleosteus Knochenplatten, mit denen er seine Beute zerteilte.

Auf der Speisekarte

Einige Fossilien, die man fand, zeigen Bissspuren, die zu den Kiefern von Artgenossen passen. Das könnte bedeuten, dass die Tiere Kannibalen waren.

Dunkleosteus war in seiner Zeit der größte Räuber.

Cephalaspis

Dieses Tier war ein kieferloser Fisch. Er packte und kaute seine Nahrung nicht, sondern saugte Krebstiere und Würmer ein, die er am schlammigen Meeresgrund aufspürte.

Steckbrief

- » **Länge:** 2 cm
- » **Nahrung:** Fleischfresser
- » **Periode:** Devon
- » **Fundorte:** Europa und Nordamerika

Seine Augen saßen nah beieinander oben am Kopf. So konnte der Fisch Gefahren von oben wahrnehmen.

Hinten am Kopf waren spitze Fortsätze. Cephalaspis hat mit ihnen vielleicht Nahrung ausgegraben.

Ein riesiger hufeisenförmiger Schild bedeckte den Kopf.

Viele vollständige Versteinerungen von Cephalaspis wurden entdeckt, die ersten schon im Jahr 1835.

Neunaugen

Cephalaspis war ein Mitglied einer ausgestorbenen Gruppe kieferloser Fische. Heute sind die Neunaugen und Schleimaale die einzigen kieferlosen Fische, die es noch gibt. Sie haben ein rundes Maul mit Zähnen aus Horn.

Ein Neunauge von unten

Helicoprion

Helicoprion war ein ungewöhnlicher Fisch, einem Hai ähnlich. Sein Name bedeutet „spiralförmige Säge“. Fast alle Fossilien von Helicoprion sind Versteinerungen dieser seltsamen Säge.

Steckbrief

- **Länge:** 10 m
- **Nahrung:** Fleischfresser
- **Periode:** Perm
- **Fundorte:** weltweit

Die Zähne ähnelten einer Kettensäge.

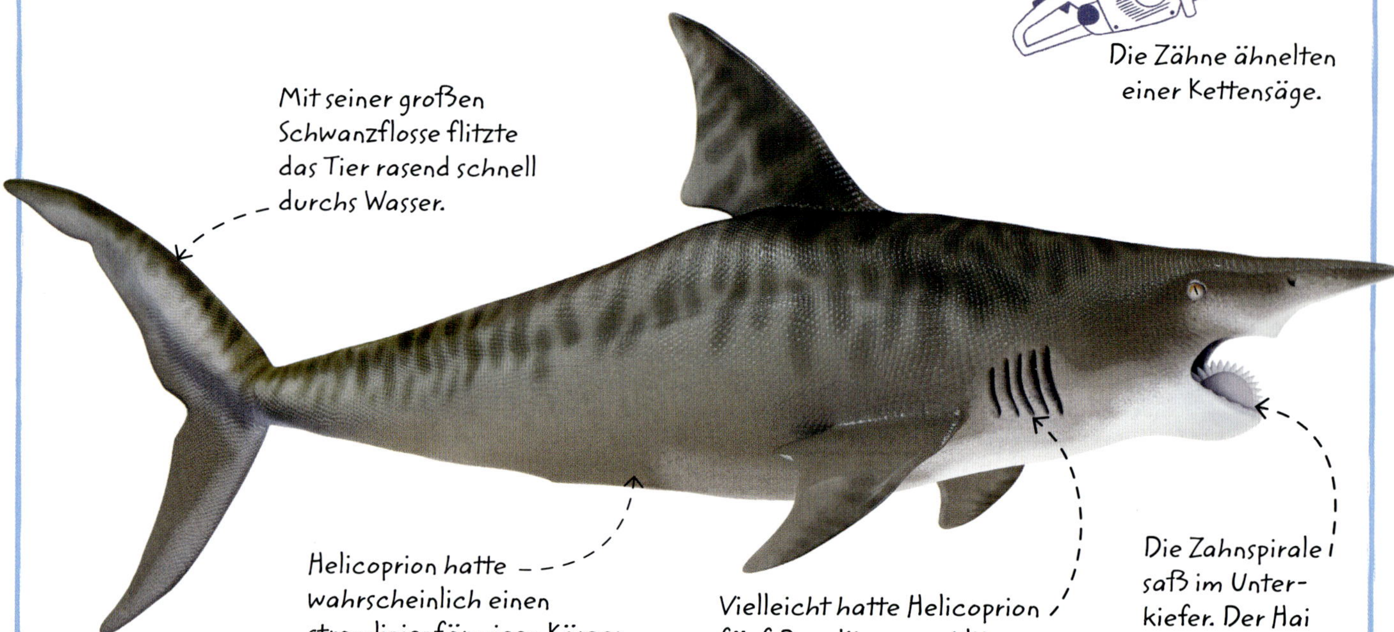

An der Zahnspirale erkennt man, dass die älteren Zähne in die Mitte geschoben wurden, während sich am Rand neue bildeten.

Verwandte

Weil der Körper von Helicoprion nicht von Knochen sondern von einem weichen Knorpelskelett gestützt wurde, gibt es nur wenige Fossilien. Aber man weiß, dass seine nächsten Verwandten die Seekatzen sind, die es heute noch gibt.

Eine Seekatze

Megalodon

Megalodon, dessen wissenschaftlicher Name Otodus ist, war ein Hai von unglaublichen Ausmaßen. Forscher haben gezeigt, dass er kräftiger zubeißen konnte als alle anderen Tiere, die je auf der Erde gelebt haben, sogar 3-mal so kräftig wie Tyrannosaurus.

Steckbrief

- **Länge:** 18 m
- **Nahrung:** Fleischfresser
- **Periode:** Neogen
- **Fundorte:** weltweit

GRÖSSTER HAI ALLER ZEITEN

Die gesägten Zähne waren ideal, um Fleisch zu zerteilen. Abgenutzte wurden während des ganzen Lebens durch neue ersetzt.

Mit seinen großen Brustflossen konnte der Fisch steuern.

Weiße Haie

Megalodon ähnelte im Aussehen und in der Lebensweise einem Weißen Hai. Die beiden Arten lebten sogar zur gleichen Zeit auf der Erde. Es ist möglich, dass Weiße Haie junge Megalodons erbeuteten – dies könnte zum Aussterben des Riesenhais beigetragen haben.

Ein Weißer Hai

Megalodon hatten riesige Zähne. Die größten, die man kennt, sind 18 cm lang – so lang wie die Hand eines Erwachsenen.

Vom Wasser an Land

In den Meeren der Urzeit wimmelte es von Räubern. Das Land bot eine Möglichkeit, den Fressfeinden zu entkommen und neue Lebensräume zu besiedeln. Dort gab es inzwischen auch Nahrung. Die ersten Amphibien besiedelten vor etwa 380 Mio. Jahren das Land.

Viele Tiere, wie die Wale, gingen später vom Land wieder ins Wasser.

Eusthenopteron

Pioniere

Fische mit beinähnlichen Flossen, wie Eusthenopteron und Tiktaalik, entwickelten sich zu den ersten Wirbeltieren mit vier Beinen. Man nennt sie Tetrapoden. Sie verließen die Süßwassersümpfe, aber sie kehrten ins Wasser zurück, um dort ihre Eier abzulegen.

Tiktaalik

Die ersten Schritte an Land

Im Devon entwickelten sich Fische mit beinähnlichen Flossen. Im Lauf von Jahrmillionen bildeten sich die Knochen in ihren Flossen so um, dass sie an Land die ersten Schritte machen konnten.

Eusthenopteron

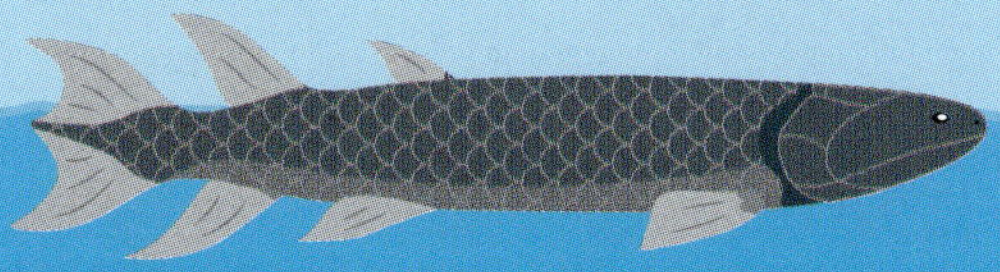

Im Wasser
Einige urzeitliche Fische, wie Eusthenopteron, hatten schon ähnliche Knochen wie Tetrapoden. Mit Lungen atmeten sie Luft.

Tiktaalik

Teilweise an Land
Tiere wie Tiktaalik, die noch nicht an Land laufen konnten, hatten beinähnliche Flossen. In Sümpfen bewegten sie sich vorwärts.

Die ersten Landpflanzen

Auch Pflanzen entwickelten sich so, dass sie an Land leben konnten. Eine Schicht aus Wachs verhinderte, dass sie austrockneten, und mit ihren kräftigen Stängeln wuchsen sie aufrecht.

Cooksonia

Tiktaalik hatte eine gut entwickelte Schwanzflosse zum Schwimmen.

Lungenfische

Heute kennt man Lungenfische, die Lungen und zugleich Kiemen haben. Mit den Lungen können sie Luft atmen, wenn der Sauerstoffgehalt im Wasser zu niedrig ist. Auch für die ersten Tetrapoden, die an Land lebten, war es wichtig, Luft atmen zu können.

Australischer Lungenfisch

Die ersten Landtiere mit vier Beinen
Wie ihre Vorfahren, die Fische, verbrachten Tetrapoden wie Acanthostega noch die meiste Zeit im Wasser. Aber an ihren Beinen kann man sehen, dass sie laufen konnten.

Die Amphibien
Die ersten Amphibien, die sowohl im Wasser wie an Land leben konnten, wie Eryops, wurden zu den gefährlichsten Räubern auf dem Festland.

Tiktaalik

Vielleicht konnte Tiktaalik das Wasser verlassen wie eine Amphibie, aber er war eigentlich ein Fisch. Dieses Tier gehörte zur Gruppe der Fleischflosser, deren Flossen Beinen ähneln. Die Fossilien von Tiktaalik haben dazu beigetragen, dass Forscher besser verstehen, wie sich die vierbeinigen Landtiere entwickelt haben.

Steckbrief

- **Länge:** 3 m
- **Nahrung:** Fleischfresser
- **Periode:** Devon
- **Fundorte:** Nordamerika

Der Quastenflosser lebt noch heute und gehört zur Gruppe der Fleischflosser.

Ein kräftiger Brustkorb stützte das Gewicht des Körpers, wenn das Tier an Land kam.

Tiktaalik hatte Lungen und wahrscheinlich auch Kiemen, denn hinter seinen Augen waren Öffnungen, die für Kiemen typisch sind.

Die armähnlichen vorderen Flossen waren muskulös. Mit ihnen konnte das Tier seinen Körper vorwärts ziehen.

Panderichthys

Panderichthys war ein anderer Fleischflosser der Urzeit, aber er lebte nur im Wasser. Dieses Tier war eine Mischung aus einem Fisch und einem Tetrapoden.

Panderichthys

Die ersten Fossilien von Tiktaalik wurden 2004 freigelegt.

Metoposaurus

Metoposaurus war eine Amphibie, die einem Salamander ähnelte. Er wurde so groß wie ein Auto. Dieser Räuber jagte im Wasser und an Land, er hatte eine ähnliche Lebensweise wie ein Krokodil.

Steckbrief

- » **Länge:** 2 m
- » **Nahrung:** Fleischfresser
- » **Periode:** Trias
- » **Fundorte:** Europa

Um vorwärtszukommen, bewegte das Tier im Wasser seinen großen breiten Schwanz hin und her.

Die Beine waren klein und schwach, deshalb bewegte die Amphibie sich an Land vermutlich eher mühsam fort.

Amphibamus

Eine andere urzeitliche Amphibie war nur so groß wie ein Molch: Amphibamus. Er lebte im Karbon in tropischen Sümpfen. Wahrscheinlich war er nah mit den heute lebenden Amphibien verwandt.

Amphibamus

Metoposaurus hatte Hunderte scharfer Zähne, mit denen er Fische und andere Beute packte.

Dimetrodon

Dimetrodon war einer der ersten großen Räuber an Land und ähnelte einem Dinosaurier. Er lebte aber lange Zeit vor den ersten Dinosauriern. Seine Tiergruppe war näher mit den Säugetieren als mit den Reptilien verwandt.

Steckbrief

- **Länge:** 3,5 m
- **Nahrung:** Fleischfresser
- **Periode:** Perm
- **Fundorte:** Europa und Nordamerika

Kräftige Kiefermuskeln verliefen durch ein Loch hinter der Augenhöhle. Auch bei Menschen ist das so.

Das riesige Rückensegel diente vielleicht zur Balz oder regelte die Körpertemperatur. Lange Knochenfortsätze stützten es.

Mit den großen Zähnen vorn im Maul konnte das Tier Fleisch zerkleinern.

Die Beine waren seitlich abgespreizt. Bauch und Schwanz berührten den Boden nicht.

Rückensegel

Der Pflanzenfresser Edaphosaurus hatte ein ähnliches Rückensegel und war mit Dimetrodon verwandt. Bei ihm ragten Knochenfortsätze aus dem Segel heraus.

Edaphosaurus

Varanus priscus

Diesen Waran bezeichnete man früher als Megalania. Er wurde doppelt so groß wie der Komodowaran, die größte heute lebende Echse. Vermutlich wurde diese Riesenechse vor vielen Jahrtausenden von Menschen ausgerottet.

Steckbrief

- **Länge:** 7 m
- **Nahrung:** Fleischfresser
- **Periode:** Quartär
- **Fundorte:** Australien

Riesige urzeitliche Kängurus wie Procoptodon gehörten vermutlich zur Beute von Varanus priscus.

GRÖSSTE ECHSE ÜBERHAUPT

Aus versteinerten Wirbeln kann man ableiten, wie groß die Echse wurde.

Komodowarane

Untersuchungen des Schädels zeigen, dass der Biss wahrscheinlich giftig war, ähnlich wie bei den heute lebenden Komodowaranen. Varanus priscus war somit das größte giftige Wirbeltier, das man kennt.

Komodowaran

Ichthyo-saurier

Die Ichthyosaurier waren eine Gruppe von Meeresreptilien, die Luft atmeten. Sie entwickelten sich in der Trias. Viele ähnelten Delfinen, aber es gab verschiedene Arten, und manche wurden enorm groß.

Die Augen von Ophthalmosaurus waren so groß wie Essteller. Er konnte gut sehen, wenn er tief im Meer Beute jagte.

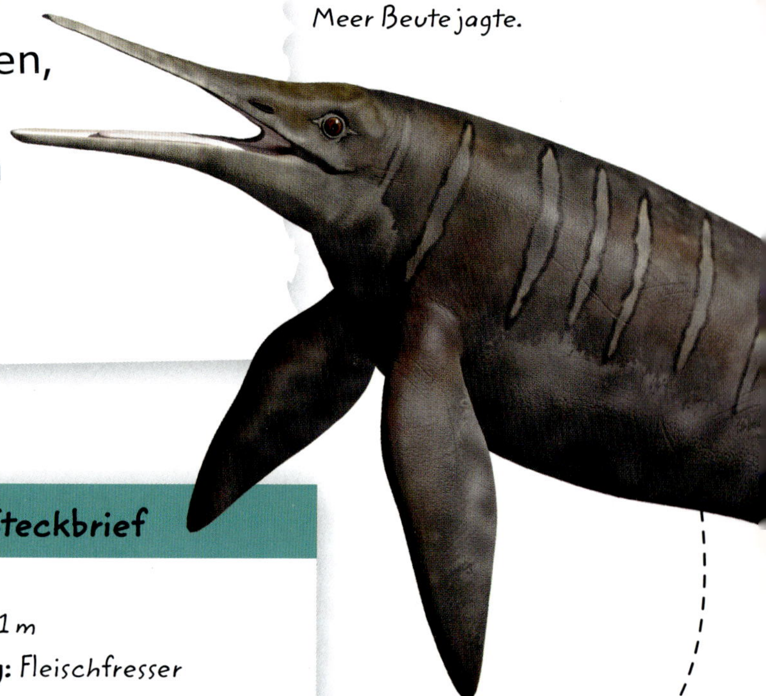

Shonisaurus hatte einen höheren Körper als die meisten Ichthyosaurier, wahrscheinlich fehlte ihm die Rückenflosse.

Shonisaurus

Shonisaurus war dreimal so lang wie ein Schwertwal. In Großbritannien hat man Kieferknochen einer anderen Ichthyosaurier-Art gefunden, die vermutlich so groß war wie ein Blauwal.

Steckbrief

- **Länge:** 21 m
- **Nahrung:** Fleischfresser
- **Periode:** Trias
- **Fundorte:** Nordamerika

Die Schwanzflosse von Mixosaurus war noch nicht halbmondförmig.

Steckbrief

- **Länge:** 2 m
- **Nahrung:** Fleischfresser
- **Periode:** Trias
- **Fundorte:** Asien, Europa und Nordamerika

Mixosaurus

Mixosaurus war einer der ersten Ichthyosaurier. Sein Körperbau ähnelte dem der heutigen Delfinen. Der Jäger war in der Trias vermutlich häufig, denn man fand viele Fossilien.

Im Kiefer saßen Hunderte scharfer, spitzer Zähne, mit denen das Tier glitschige Fische packen konnte.

GRÖSSTE MEERESREPTILIEN ALLER ZEITEN

Ophthalmosaurus

Wie viele der späteren Ichthyosaurier ähnelte Ophthalmosaurus einem Delfin. Dieser Körperbau war perfekt, um schnelle Fische und Kalmare zu jagen.

Steckbrief

- **Länge:** 5 m
- **Nahrung:** Fleischfresser
- **Periode:** Jura
- **Fundorte:** Europa und Nordamerika

Stenopterygius konnte seine Schwanzflosse hin und her bewegen, um durchs Wasser zu schießen.

Stenopterygius

Man hat Tausende Fossilien von Stenopterygius entdeckt, die meisten in Steinbrüchen bei Holzmaden in Süddeutschland. Das kräftige Reptil konnte etwa 70 km/h schnell schwimmen.

Steckbrief

- **Länge:** 5 m
- **Nahrung:** Fleischfresser
- **Periode:** Jura
- **Fundorte:** Europa

Ichthyosaurus

Dies war der erste Ichthyosaurier, der einen Namen bekam. Viele Fossilien entdeckte die Paläontologin Mary Anning. Man erkennt an ihnen, dass Ichthyosaurier keine Eier legten, sondern weit entwickelte Junge zur Welt brachten.

Steckbrief

- **Länge:** 3 m
- **Nahrung:** Fleischfresser
- **Periode:** Jura
- **Fundorte:** Europa und Nordamerika

Mosasaurus

Steckbrief

» **Länge:** 15 m
» **Nahrung:** Fleischfresser
» **Periode:** Kreide
» **Fundorte:** Afrika, Europa und Nordamerika

Das erste Fossil von Mosasaurus wurde gegen Ende des 18. Jahrhunderts in einem Steinbruch in den Niederlanden entdeckt. Es war ein riesiger Schädel. Mosasaurus gehörte zu einer Gruppe von Meeresreptilien, die man als Mosasaurier bezeichnet. Sie hatten Flossen statt Beinen und waren gefährliche Räuber.

Die Zähne sitzen in Reihen im kräftigen Kiefer.

Biss-Spuren

In den versteinerten Schalen vieler Ammoniten sind Biss-Spuren zu erkennen, die zu den Zähnen von Mosasauriern passen. Die kegelförmigen Zähne hinterließen runde Löcher wie auf diesem Ammoniten:

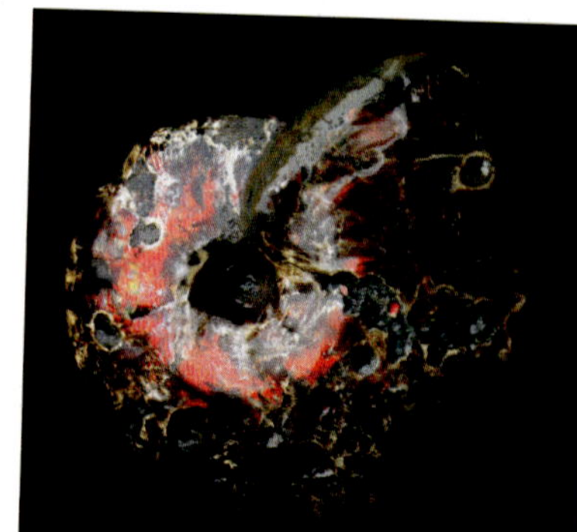

Ammonitenschale

Zarafasaura

Zarafasaura gehörte zur Reptiliengruppe der Elasmosaurier, einer Untergruppe der Plesiosaurier. Sie hatten sehr lange Hälse und schwammen im Meer. Wie alle Reptilien mussten sie zum Atmen zur Oberfläche kommen.

Steckbrief

- **Länge:** 7 m
- **Nahrung:** Fleischfresser
- **Periode:** Kreide
- **Fundorte:** Afrika

Man hat bisher nur zwei Schädel von Zarafasaura gefunden. Dies ist die Nachbildung eines Schädels, der plattgedrückt war.

Die langen, schlanken Zähne waren perfekt für einen Jäger von Fischen.

Einige Elasmosaurier hatten mehr als 70 Wirbel im Hals (Menschen haben nur sieben). Bei Zarafasaura waren es etwa 60 Stück.

Mit seinen vier großen Flossen „flog" das Tier durchs Wasser.

Zarafasaura bedeutet „Giraffenechse".

Die Pliosaurier

Die Pliosaurier gehörten zu den Plesiosauriern. Obwohl sie den Mosasauriern ähnelten, waren sie näher mit Elasmosaurus verwandt. Liopleurodon war einer der größten Räuber der Meere. Bei einem Pliosaurier-Fossil erkennt man die Überreste eines Dinosauriers im Magen.

Liopleurodon

Deinosuchus

Dieser riesige Verwandte der Alligatoren war zum Ende der Kreidezeit einer der gefährlichsten Räuber. Vielleicht war er sogar das größte Krokodil, das je gelebt hat. Nur Sarcosuchus in Afrika und Südamerika war ähnlich groß.

Steckbrief

- » **Länge:** 10 m
- » **Nahrung:** Fleischfresser
- » **Periode:** Kreide
- » **Fundorte:** Nordamerika

Wenn Deinosuchus seiner Beute auflauerte, ragten nur seine Schnauze und die Augen aus dem Wasser.

Mit dem muskulösen Schwanz verschaffte sich Deinosuchus im Wasser Antrieb.

Mit den großen kegelförmigen Zähnen im Maul riss das Tier Fleischstücke aus dem Opfer.

Auf seinen kurzen Beinen konnte sich das Tier auch am Ufer fortbewegen.

Das größte heute lebende Krokodil, das Leistenkrokodil, kann 6 m lang werden.

Ein Lauerjäger

Deinosuchus wartete im Wasser auf den richtigen Augenblick, um die Beute zu packen. Er jagte verschiedene Tiere, auch Dinosaurier. Vielleicht zog er seine Beute unter Wasser, sodass sie ertrank, und fraß sie dann.

Deinosuchus greift Albertosaurus an.

Titanoboa

Diese Schlange war ungefähr so lang wie drei Anakondas hintereinander, und Anakondas gehören zu den größten heute lebenden Schlangen. Titanoboa war eine Urzeitriesin. In einem Kohlebergwerk in Kolumbien fand man ihre Fossilien.

Steckbrief

- **Länge:** 14 m
- **Nahrung:** Fleischfresser
- **Periode:** Paläogen
- **Fundorte:** Südamerika

GRÖSSTE SCHLANGE ALLER ZEITEN

Mit ihren spitzen, nach hinten gekrümmten Zähnen hielt Titanoboa ihre Beute fest. Dann verschlang sie sie im Ganzen.

Der Körper hatte bis 1 m Durchmesser.

Titanoboa war eine Würgeschlange, die ihr Opfer erstickte. Sie erbeutete wahrscheinlich große Fische, Schildkröten und Krokodile.

Titanoboa lebte vor etwa 60 Mio. Jahren in tropischen Sümpfen und Wäldern, die dem heutigen Amazonas-Regenwald ähnelten.

Titanoboa-Roboter

Künstler und Ingenieure bauten diesen lebensgroßen Titanoboa-Roboter. Fossilien der Urzeitschlange waren das Vorbild. So kann man sehen, wie Titanoboa sich vermutlich fortbewegt hat.

Flugsaurier

Flugsaurier waren faszinierende Reptilien. Sie waren die ersten Wirbeltiere, die fliegen konnten. Ihre Flughäute spannten sich ähnlich wie bei den Fledermäusen zwischen ihren Fingern und Beinen auf. Die ersten Flugsaurier entwickelten sich in der Trias.

Steckbrief

- **Flügelspanne:** 10 m
- **Nahrung:** Fleischfresser
- **Periode:** Kreide
- **Fundorte:** Nordamerika

Quetzalcoatlus

Dieses Tier, das so hoch wie eine Giraffe war, hatte eine Flügelspanne wie ein kleines Flugzeug. Der riesige Flugsaurier erbeutete vermutlich viele verschiedene Tiere, darunter auch Dinosaurier.

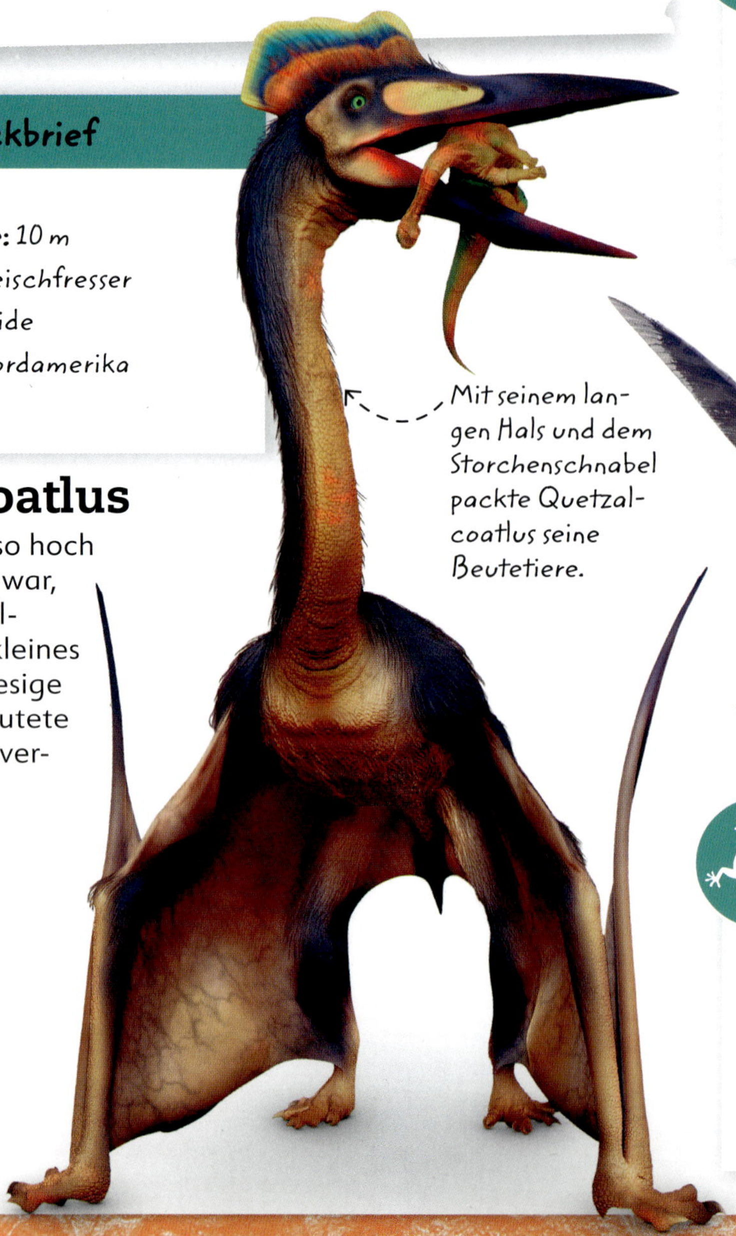

Mit seinem langen Hals und dem Storchenschnabel packte Quetzalcoatlus seine Beutetiere.

Steckbrief

- **Flügelspanne:** 2,5 m
- **Nahrung:** Fleischfresser
- **Periode:** Kreide
- **Fundorte:** Südamerika

Steckbrief

- **Flügelspanne:** 1,5 m
- **Nahrung:** Fleischfresser
- **Periode:** Jura
- **Fundorte:** Europa

In den Kiefern saßen Hunderte nadelförmige Zähne.

Viele Flugsaurier, wie Tupandactylus, trugen auffällige Kämme auf dem Kopf.

Pterodaustro

Pterodaustro filterte mit seinem langen, gekrümmten Schnabel, in dem nadelförmige Zähne saßen, kleine Tiere aus dem Wasser. Er hatte Schwimmhäute zwischen den Zehen.

Steckbrief

- » **Flügelspanne:** 3 m
- » **Nahrung:** Fleischfresser
- » **Periode:** Kreide
- » **Fundorte:** Südamerika

Tupandactylus

Tupandactylus trug vielleicht die größte Haube. Wahrscheinlich war sie leuchtend bunt und diente zur Balz. Alle Fossilien dieser Art hat man in Brasilien gefunden.

Bei einigen Fossilien erkennt man die Form der Flughäute.

Steckbrief

- » **Flügelspanne:** 2 m
- » **Nahrung:** Fleischfresser
- » **Periode:** Jura
- » **Fundorte:** Europa

Am langen Schwanz befand sich ein dreieckiges Segel, mit dem das Tier im Flug steuern konnte.

Pterodactylus

Der erste Flugsaurier, den man entdeckte, war Pterodactylus. Wenn dieses Tier landete, faltete es seine Flügel zusammen und lief auf Händen und Füßen.

Rhamphorhynchus

Man hat mehr als 100 Fossilien von Rhamphorhynchus entdeckt, deshalb ist er der bekannteste Flugsaurier. Bei einigen Versteinerungen ist noch die letzte Fischmahlzeit im Magen zu erkennen.

Was ist ein Dino?

Dinosaurier sind fantastische Reptilien, die im Erdmittelalter die Erde beherrschten. Die Dinosaurier ähnelten zwar anderen Gruppen von Reptilien, aber ihre Skelette haben typische Merkmale. Bei ihnen standen die Beine senkrecht unter dem Körper.

Dreadnoughtus

Wie alle Reptilien hatten die Dinosaurier eine schuppige Haut, aber wir wissen heute, dass viele von ihnen auch Federn trugen.

Bei den Dinosauriern standen die Beine direkt unter dem Körper. Dreadnoughtus hatte säulenförmige Beine, die sein enormes Gewicht trugen.

Dinosaurier

Es gab viele verschiedene Dinosaurier – vom furchterregenden Theropoden Tyrannosaurus bis hin zum riesigen Sauropoden Dreadnoughtus. Aber obwohl sie so unterschiedlich aussahen, besaßen alle Dinosaurier ähnliche Merkmale.

Zwei Gruppen

Die Dinosaurier kann man in zwei Gruppen einteilen (aber manche Forscher glauben, dass die Einteilung komplizierter ist): Bei den Echsenbeckensauriern war das Becken ähnlich gebaut wie bei Eidechsen und bei den Vogelbeckensauriern wie bei Vögeln. Verwirrend ist, dass sich die Vögel aus den Echsenbeckensauriern entwickelt haben.

Vogelbeckensaurier
Zu den Vogelbeckensauriern gehörten bekannte Dinosaurier wie Stegosaurus, Ankylosaurus und Sauropelta.

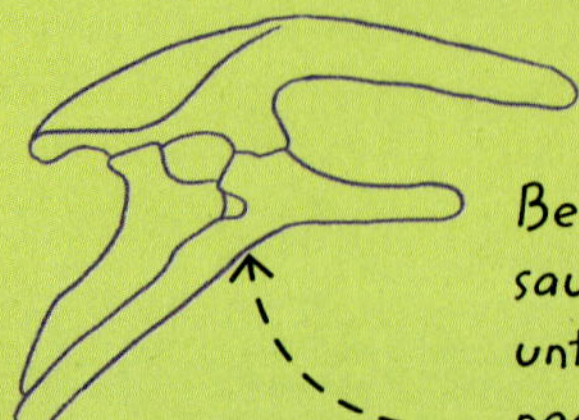

Bei den Vogelbeckensauriern wiesen beide unteren Beckenknochen nach hinten.

Sauropelta

Manche Dinosaurier waren klein wie Tauben, andere so riesig wie Blauwale.

Eier

Dinosaurier legten Eier mit harten Schalen. Ihre Größe, Form und Farbe war unterschiedlich. Die ältesten Dinosaurier-Eier, die man kennt, stammen vom Sauropoden Massospondylus. Diese Fossilien hat man in Südafrika in Gesteinen aus dem Jura gefunden.

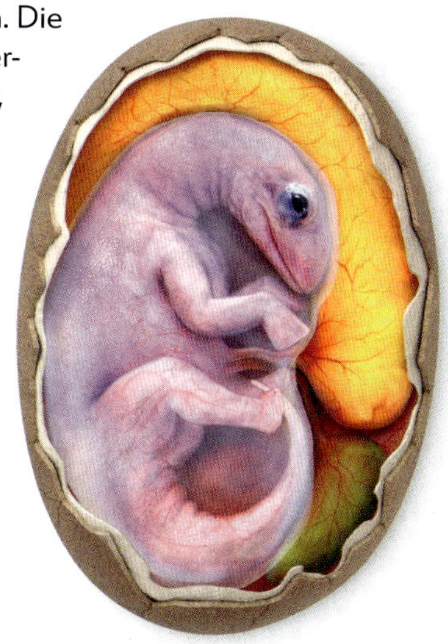

Dinosaurier-Ei

Alle Dinosaurier hatten Krallen. Bei Räubern waren sie scharf, bei Pflanzenfressern oft zu Nägeln oder Hufen umgebildet.

Das Gleichgewicht hielten die meisten Dinosaurier mit dem Schwanz. Den schwang Dreadnoughtus zur Verteidigung.

Allosaurus

Echsenbeckensaurier
Zu den Echsenbeckensauriern gehörten Theropoden wie Tyrannosaurus und Allosaurus sowie gigantische Sauropoden wie Diplodocus und Giraffatitan.

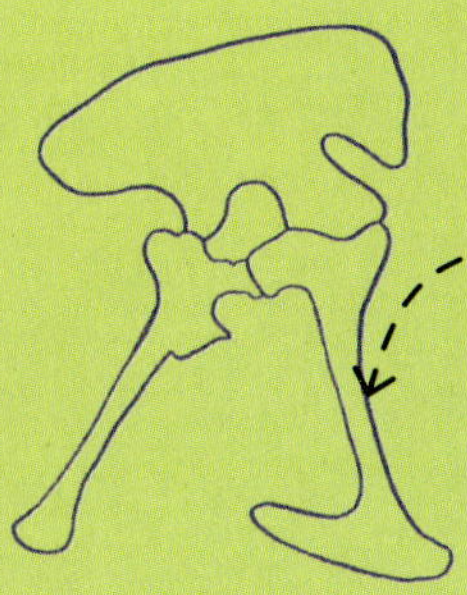

Bei den Echsenbeckensauriern wiesen die unteren Beckenknochen in verschiedene Richtungen.

Eodromaeus

Eodromaeos gehörte zu den ersten Dinosauriern und war ein Theropode. Wie die meisten Theropoden fraß er Fleisch. Er wurde 2011 nach einem Skelett benannt, das man in Argentinien gefunden hatte.

Steckbrief

- **Länge:** 1 m
- **Nahrung:** Fleischfresser
- **Periode:** Trias
- **Fundorte:** Südamerika

Der schmale Schädel und die spitzen, gekrümmten Zähne waren ideal, um kleine Reptilien zu fressen.

Eodromaeus hatte ein leichtes Skelett und wog nur ungefähr 5 kg – so viel wie eine Hauskatze.

Mit drei Krallen an den Fingern hielt Eodromaeus seine Beute fest.

Eodromaeus bedeutet „Läufer der Morgenröte".

Auf seinen langen Beinen konnte der Räuber schnell laufen, wenn er jagte oder fliehen musste.

Ein anderer früher Dinosaurier, Eoraptor, sah ähnlich wie Eodromaeus aus, er war aber wahrscheinlich näher mit den Sauropoden verwandt.

Herrerasaurus

Frühe Dinosaurier

Die ersten Dinosaurier, wie z. B. Eodromaeus, Eoraptor und Herrerasaurus, lebten in der späten Trias vor etwa 231 Mio. Jahren. Anhand ihrer Fossilien kann man erforschen, wie sich die frühen Dinosaurier entwickelt haben.

Stegosaurus

An den riesigen Rückenplatten erkennt man Stegosaurus sofort. Die Platten bilden zwei Reihen. Man kennt zwar viele Fossilien von diesem Dinosaurier, aber es gibt nur wenige vollständig erhaltene Skelette.

Steckbrief

- **Länge:** 9 m
- **Nahrung:** Pflanzenfresser
- **Periode:** Jura
- **Fundorte:** Europa und Nordamerika

Stegosaurus hatte einen kleinen Kopf, und sein Gehirn war nur so groß wie eine Pflaume.

Zwei Reihen rautenförmiger Platten ragten am Hals, Rücken und Schwanz auf. Vermutlich hat das Tier mit ihnen gebalzt.

Bei einigen Fossilien erkennt man einen Panzer, der den Hals schützte.

Mit den vier Stacheln am Ende des Schwanzes verteidigte sich der Dinosaurier gegen Räuber. Er schwang den Schwanz als Waffe hin und her.

Stegosaurier

Diese Dinosaurier waren Pflanzenfresser mit einem Knochenpanzer und Stacheln. Die ersten Stegosaurier entwickelten sich im Jura. Eine der ältesten Arten ist Huayangosaurus aus China.

Huayangosaurus

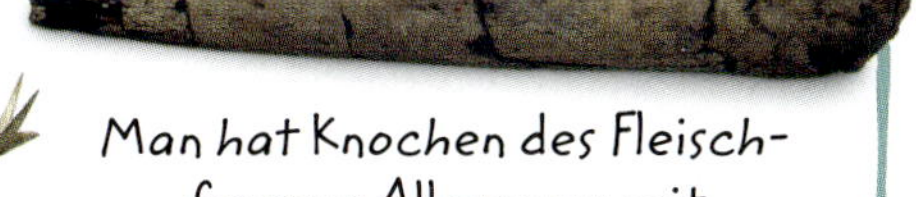

Man hat Knochen des Fleischfressers Allosaurus mit Löchern gefunden. Sie passen zu versteinerten Schwanzstacheln von Stegosaurus.

Velociraptor

Velociraptor gehörte zu einer Dinosaurierfamilie, die man Dromaeosaurier nennt. Obwohl Velociraptor einen schauerlichen Ruf hat, war er ein kleiner Dinosaurier. Es gibt Hinweise darauf, dass er im Rudel jagte.

Steckbrief

- **Länge:** 2 m
- **Nahrung:** Fleischfresser
- **Periode:** Kreide
- **Fundorte:** Asien

Mit seinem langen Schwanz hielt der Dinosaurier beim Laufen das Gleichgewicht.

Velociraptor war nicht viel größer als ein Truthahn.

Die Dromaeosaurier hatten eine gekrümmte Kralle an jedem Fuß, mit der sie die Beute aufschlitzten.

Velociraptor hatte flügelartige Vorderbeine und ein Federkleid, aber er konnte nicht fliegen.

Der letzte Kampf

Man hat einen versteinerten Velociraptor im Kampf mit einem Protoceratops gefunden, einem kleinen Verwandten des Triceratops. Der Pflanzenfresser verteidigte sich: Er biss Velociraptor kräftig in den Arm!

Protoceratops

In der Wüste Gobi in der Mongolei hat man versteinerte Zehenkrallen wie diese hier gefunden.

Deinocheirus

Die ersten Fossilien von Deinocheirus fand man 1965 in der Wüste Gobi. Es war ein Paar riesiger Arme. Dieser seltsame bucklige Dinosaurier war mit Fleischfressern verwandt, aber er ernährte sich von Pflanzen.

Steckbrief

- **Länge:** 11 m
- **Nahrung:** Pflanzenfresser
- **Periode:** Kreide
- **Fundorte:** Asien

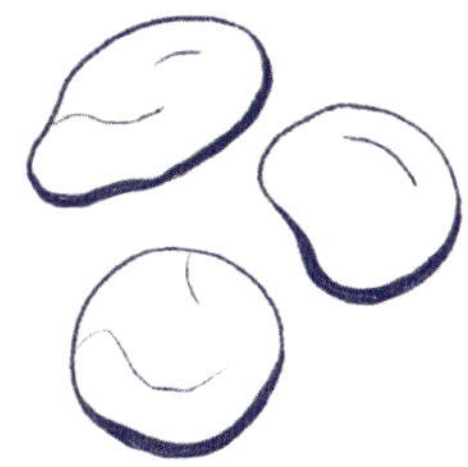

Bei den Fossilien von Deinocheirus fand man Steine im Magen. Solche Gastrolithen zermalmten die Pflanzen.

Deinocheirus hatte einen langen Schädel und einen zahnlosen Entenschnabel.

Ein großes Rückensegel, das aussah wie ein Buckel, ließ Deinocheirus größer und furchteinflößender aussehen. Es schreckte vielleicht Räuber ab.

An der Schwanzspitze saß ein Fächer aus Federn. Vielleicht half er dem Dinosaurier, Partner anzulocken.

An den Fingern saßen drei stumpfe, gekrümmte Krallen. Der Dinosaurier sammelte damit Pflanzen und verteidigte sich gegen Feinde.

Der Name „Deinocheirus" bedeutet „schreckliche Hand".

Strauß-Nachahmer

Deinocheirus war das größte Mitglied einer Gruppe von Dinosauriern der Kreide, die man Ornithomimosaurier nennt, das bedeutet „Strauß-Nachahmer". Sie waren Allesfresser oder Pflanzenfresser. Einige, wie Struthiomimus, gehörten zu den allerschnellsten Läufern unter den Dinosauriern.

Struthiomimus

Iguanodon

Iguanodon bekam schon im Jahr 1825 seinen Namen, nachdem man einige Zähne von ihm in einem britischen Steinbruch gefunden hatte. Dieses Tier lebte in Herden. Mit seinem Schnabel und den Zähnen rupfte es Pflanzenteile ab und zermalmte sie.

Steckbrief

- **Länge:** 12 m
- **Nahrung:** Pflanzenfresser
- **Periode:** Kreide
- **Fundorte:** Europa

Iguanodon konnte auf allen vier Beinen und auch aufgerichtet auf seinen Hinterbeinen laufen.

Dieser Pflanzenfresser hatte einen Schnabel aus Keratin. Dieses Material formt auch Vogelschnäbel.

Mit seinem großen Stachel am Daumen konnte Iguanodon Räuber abwehren.

Rechts ist der Daumenstachel zu sehen. Er diente vielleicht zur Verteidigung und zum Sammeln von Pflanzen.

Ein Nashorn?

Zunächst fand man nur ein paar Knochen und Zähne von Iguanodon. Weil das restliche Skelett fehlte, dachten die Forscher, dass der Daumenstachel wie das Horn eines Nashorns auf seiner Schnauze saß.

So sahen die ersten Modelle von Iguanodon aus, die man in London baute.

Parasaurolophus

An seinem Knochenkamm erkennt man Parasaurolophus sofort. Ein Student entdeckte in Utah (USA) ein fast vollständiges Baby von Parasaurolophus. Das Fossil hatte einen viel kleineren Kamm als ein erwachsener Parasaurolophus.

Steckbrief

- **Länge:** 10 m
- **Nahrung:** Pflanzenfresser
- **Periode:** Kreide
- **Fundorte:** Nordamerika

Der Knochenkamm war hohl. Vielleicht konnte das Tier damit bei der Balz laut trompeten.

Parasaurolophus hatte einen breiten Schnabel. Mit den Zähnen, die in vielen Reihen standen, kaute er Pflanzen.

Mit dem Schwanz hielt Parasaurolophus das Gleichgewicht.

Wie Iguanodon konnte dieser Dinosaurier auf allen Vieren und auf den Hinterbeinen laufen.

Der Kamm war Teil des Schädels. Vielleicht spannte sich zwischen ihm und dem Hals ein Segel aus Haut auf.

Entenschnabelsaurier

Parasaurolophus gehörte zu einer Gruppe von Dinosauriern, die man Entenschnabelsaurier nennt. Viele, wie Lambeosaurus, hatten seltsam geformte Knochenkämme, die vielleicht bunt gemustert waren.

Lambeosaurus

Sauropoden

Mit ihren langen Hälsen und Schwänzen gehörten die Sauropoden zu den Riesen unter den Dinosauriern. Sie waren Pflanzenfresser. Einige Sauropoden waren die größten und schwersten Tiere, die es je auf der Erde gab.

Steckbrief

- **Länge:** 26 m
- **Nahrung:** Pflanzenfresser
- **Periode:** Jura
- **Fundorte:** Asien

Amargasaurus

Amargasaurus war ziemlich klein für einen Sauropoden, aber er wog trotzdem so viel wie ein Nashorn. Am Hals und Rücken verliefen zwei Reihen hoher Stacheln.

Steckbrief

- **Länge:** 10 m
- **Nahrung:** Pflanzenfresser
- **Periode:** Kreide
- **Fundorte:** Südamerika

Mit den langen Stacheln konnte sich der Dinosaurier verteidigen.

Diplodocus

Diplodocus ist einer der längsten Dinosaurier. Die ersten Fossilien hat man 1877 in Colorado (USA) entdeckt. Er lebte in offenen Waldländern.

Vorn im Maul saßen lange, stiftförmige Zähne. Mit ihnen streifte der Dinosaurier wie mit einem Rechen Blätter von Ästen.

Steckbrief

- **Länge:** 26 m
- **Nahrung:** Pflanzenfresser
- **Periode:** Jura
- **Fundorte:** Nordamerika

Der extrem lange Schwanz war eine tödliche Waffe, mit der sich Diplodocus gegen gefräßige Räuber verteidigte.

Mamenchisaurus

Forscher können viele verschiedene Arten von Mamenchisaurus unterscheiden. Bei einer Art war der Hals fast so lang wie der restliche Körper.

Steckbrief

- **Länge:** 22 m
- **Nahrung:** Pflanzenfresser
- **Periode:** Jura
- **Fundorte:** Afrika

Giraffatitan

Mit 12 m Höhe überragte Giraffatitan die meisten anderen Saurier. Er gehört zu den größten Dinosauriern, die je auf der Erde gelebt haben. Auch seine Vorderbeine waren sehr hoch.

GRÖSSTES LANDTIER ALLER ZEITEN

Argentinosaurus

Dieser Dinosaurier war schwerer als zwölf erwachsene Elefanten und einer der schwersten Pflanzenfresser. Man hat viele riesige Sauropoden gefunden, aber Argentinosaurus war vermutlich der größte.

Steckbrief

- **Länge:** 35 m
- **Nahrung:** Pflanzenfresser
- **Periode:** Kreide
- **Fundorte:** Südamerika

Borealopelta

2011 legten Bergleute in Alberta (Kanada) einen Ankylosaurier frei. Man nannte ihn Borealopelta. Die Versteinerung ist so gut erhalten, dass es fast aussieht, als würde das Tier schlafen.

Steckbrief

- **Länge:** 5,5 m
- **Nahrung:** Pflanzenfresser
- **Periode:** Kreide
- **Fundorte:** Nordamerika

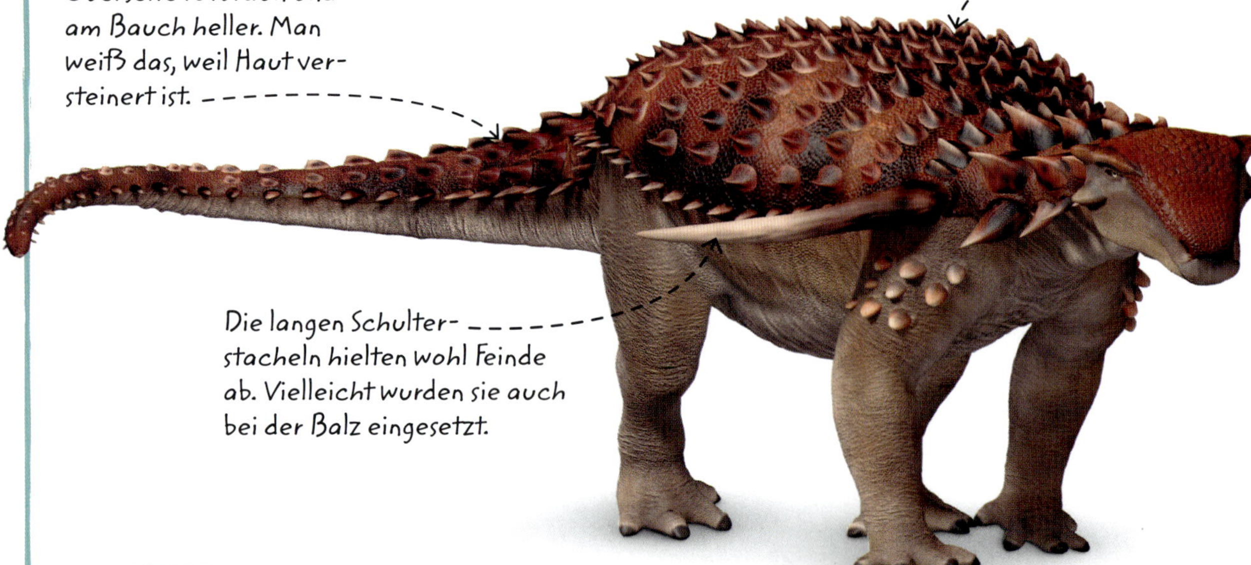

Ankylosaurier

Die Ankylosaurier waren gepanzerte Dinosaurier, die sich im Jura entwickelten. Einige Arten, wie Euoplocephalus, hatten mächtige Schwanzkeulen, die sie zur Verteidigung hin und her schwangen.

Euoplocephalus

Das ist das einzige Fossil von Borealopelta, das man fand. Der Panzer zeigt erstaunliche Einzelheiten.

Pachycephalosaurus

Der Name dieses Dinosauriers bedeutet so viel wie „Dickkopfechse“. Pachycephalosaurus ist das größte Mitglied der Pachycephalosaurier. Diese hatten ungeheuer dicke Schädelknochen. Mit den Zähnen kaute das Tier Pflanzen, aber vermutlich fraß es auch Fleisch.

Steckbrief

- **Länge:** 5 m
- **Nahrung:** Pflanzen- oder Allesfresser
- **Periode:** Kreide
- **Fundorte:** Nordamerika

Der aufgewölbte Kopf war von Stacheln umgeben. Vielleicht rammte das Tier seine Gegner mit dem Kopf.

Im breiten Körper waren die inneren Organe gut geschützt, wenn der Dinosaurier einen Hieb in die Flanke bekam.

Mit dem langen Schwanz hielt der Dinosaurier das Gleichgewicht, wenn er auf den Hinterbeinen lief.

Mit dem breiten Schnabel pflückte der Dinosaurier Pflanzenteile, Samen und Früchte.

Von diesem Dinosaurier fand man kein vollständiges Skelett.

Das aufgewölbte Schädeldach konnte 25 cm dick werden.

Dickhornschafe

Wilde Kämpfe

Viele heute lebende Tiere, wie Dickhornschafe, rammen mit den Köpfen gegeneinander. So kämpfen sie um Reviere und um Weibchen. Vielleicht verhielt sich Pachycephalosaurus ähnlich. Die schwammigen Schädelknochen könnten die Erschütterungen abgedämpft haben.

Triceratops

Als man im Jahr 1887 den ersten Triceratops entdeckte, hielt man ihn für einen riesigen Bison aus der Urzeit. Triceratops war einer der letzten Horndinosaurier. Am Ende der Kreidezeit starb er aus.

Steckbrief

- **Länge:** 9 m
- **Nahrung:** Pflanzenfresser
- **Periode:** Kreide
- **Fundorte:** Nordamerika

Der große Nackenschild war vielleicht bunt und diente zur Balz.

Triceratops bedeutet „Dreihorngesicht".

Triceratops pflückte mit seinem Schnabel Pflanzenteile, die er mit Hunderten von Zähnen kaute.

Der Körper war viermal so schwer wie der eines ausgewachsenen Nashorns.

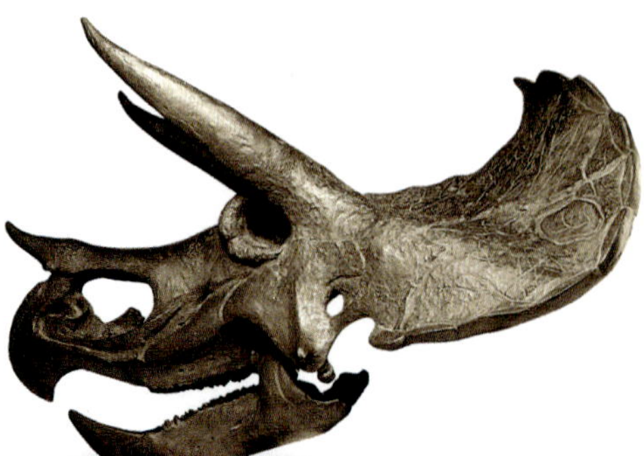

Der Schädel von Triceratops wurde etwa 2,5 m lang und gehört zu den größten Schädeln aller Landtiere.

Pentaceratops

Pentaceratops hatte einen riesigen Nackenschild, der viel länger war als der von Triceratops. Er besaß fünf statt drei Hörner, zwei waren an den Wangen. Sein Name bedeutet „Fünfhorngesicht".

Pentaceratops

Psittacosaurus

Psittacosaurus und Triceratops gehörten beide zur Gruppe der Horndinosaurier. Bei einem Psittacosaurus-Fossil, das man in China gefunden hatte, sind Teile der Haut erhalten. Wissenschaftler erforschen nun, welche Farbe das Tier hatte.

Steckbrief

- » **Länge:** 2 m
- » **Nahrung:** Pflanzenfresser
- » **Periode:** Kreide
- » **Fundorte:** Asien

Bei diesem Schädel befinden sich die Zähne hinter dem Schnabel.

Tarnfärbung

Die Haut von Psittacosaurus zeigt, dass die Oberseite dunkel und die Bauchseite hell war. Bei einer solchen Färbung spricht man von Konterschattierung. Deshalb ist die Thomson-Gazelle in der Savanne kaum zu erkennen, wenn das Sonnenlicht von oben kommt.

Thomson-Gazelle

Tyrannosaurus

Dies ist sicherlich der berühmteste Dinosaurier. Sein Name bedeutet „Tyrannenechse", er war ein Räuber. Ein erwachsenes Tier wog mehr als ein Afrikanischer Elefant. Man hat mehr als 50 Skelette gefunden, manche davon sind fast vollständig erhalten.

Steckbrief

- **Länge:** 13 m
- **Nahrung:** Fleischfresser
- **Periode:** Kreide
- **Fundorte:** Nordamerika

GRÖSSTER JÄGER AN LAND

Einige der Zähne von Tyrannosaurus waren so lang wie Bananen.

Schauerlich!

An den großen Kiefern setzten starke Muskeln an. Mit ihnen konnte der Dinosaurier mit unglaublicher Kraft zubeißen, etwa 10-mal so kräftig wie ein Alligator.

Tyrannosaurus-Schädel

Spinosaurus

Der größte fleischfressende Dinosaurier, den man bisher kennt, ist der ungewöhnliche Spinosaurus. Er hatte ein gewaltiges Rückensegel, am Schwanz befand sich ein flossenartiges Segel. Er lebte an Land und schwamm auch in Flüssen und Seen.

Steckbrief

- **Länge:** 16 m
- **Nahrung:** Fleischfresser
- **Periode:** Kreide
- **Fundorte:** Afrika

Dieser Dinosaurier fraß riesige Fische wie Mawsonia, der so groß wie ein Auto war.

Segelechsen

Von heute lebenden Tieren kann man etwas über die Tiere der Urzeit ableiten. Die Segelechse hat ein Rückensegel, das dem von Spinosaurus ähnelt, und das Segel am Schwanz setzt sie beim Schwimmen ein.

Philippinische Segelechse

Der Meteorit

Vor etwa 66 Mio. Jahren schlug ein gewaltiger Meteorit mit einem Durchmesser von etwa 16 km auf der Erde ein. Beim Einschlag kamen die meisten Lebewesen ums Leben, und das Zeitalter der Dinosaurier endete plötzlich auf dramatische Weise.

Drei Viertel aller Tiere starben bei dem Meteoriteneinschlag.

Der Einschlag löste unvorstellbar hohe Wellen aus und die Hitze war tödlich. Glühende Gesteinsbrocken wurden durch die Luft geschleudert.

Die Dinosaurier und alles andere Leben in der Nähe des Einschlags wurden innerhalb von Sekunden ausgelöscht. Glühende Steine und Staubwolken verdunkelten den Himmel, und die Wälder verbrannten.

Der Einschlagkrater des Meteoriten, der Chicxulub-Krater, hat einen Durchmesser von 160 km. Er befindet sich auf der mexikanischen Halbinsel Yucatan.

Das Ende der Ära

Der tödliche Einschlag löste eines der schlimmsten Massenaussterben aller Zeiten aus. Unglaublich viele Lebewesen, riesige und ganz kleine, kamen um. Alle großen Landtiere starben aus, und nur kleine, die Schutz finden konnten, überlebten die Katastrophe.

Die Flugsaurier, die die Lüfte lange Zeit beherrscht hatten, gab es danach nicht mehr.

Die letzten großen Dinosaurier, wie Triceratops, starben aus. Eine Dinosauriergruppe überlebte jedoch: Die kleinen Vögel, die sich bald an die neue Erde anpassten.

Die Plesiosaurier und Mosasaurier, die in den Meeren geherrscht hatten, wurden ausgelöscht.

Archaeopteryx

Steckbrief

- » **Länge:** 50 cm
- » **Nahrung:** Fleischfresser
- » **Periode:** Jura
- » **Fundorte:** Europa

Das erste Skelett von Archaeopteryx fand man 1861 in Solnhofen in Süddeutschland. Das Tier hatte Reptilien- und auch Vogelmerkmale. Folglich gab es eine Verbindung zwischen den Dinosauriern und den Vögeln. Dies war eine unglaublich wichtige Entdeckung!

Archaeopteryx hatte Krallen an den Flügeln, mit denen er auf Bäume klettern konnte.

Anders als bei den heute lebenden Vögeln saßen im Schnabel viele kleine, spitze Zähne.

Archaeopteryx konnte fliegen, aber nicht allzu gut. Er glitt wahrscheinlich bei der Nahrungssuche von Baum zu Baum.

Man hat Farbstoffe in den versteinerten Federn untersucht. Die Federn waren zumindest teilweise schwarz.

Man hat zwölf Fossilien von Archaeopteryx gefunden. Bei einigen sind die Flügel und Federn sehr gut zu erkennen.

Sinosauropteryx

Farben der Federn

Wissenschaftler können die Farbe mancher Dinosaurier herausfinden. Sie untersuchen versteinerte Haut und Federn, die Farbstoffe enthalten. Der Schwanz von Sinosauropteryx war orange und weiß gestreift, der Rücken war dunkler als die Unterseite.

Phorusrhacos

Phorusrhacos gehörte zu einer Gruppe riesiger Vögel, die nicht fliegen konnten. Man nennt sie Terrorvögel. Er jagte viele Tiere, auch Pferde, die allerdings nur so klein waren wie Hunde.

Steckbrief

- **Höhe:** 2,5 m
- **Nahrung:** Fleischfresser
- **Periode:** Neogen
- **Fundorte:** Südamerika

Phorusrhacos konnte 50 km/h schnell rennen.

Furchterregend

Phorusrhacos hatte einen riesigen Schädel, der 60 cm lang war. Ähnlich wie bei einem Greifvogel war die Spitze seines Oberschnabels hakenförmig. Er konnte deshalb Fleisch zerteilen.

Megazostrodon

Während die Dinosaurier das Festland beherrschten, lebten auch die ersten kleinen Säugetiere auf der Erde. Sie liefen am Boden herum und kletterten auf Bäume. Nur so groß wie eine Ratte war Megazostrodon. Es war wohl eines der ersten Säugetiere oder zumindest nah mit den Säugetieren verwandt.

Steckbrief

- **Länge:** 10 cm
- **Nahrung:** Fleischfresser
- **Periode:** Jura
- **Fundorte:** Afrika und Europa

Megazostrodon war wahrscheinlich in der Nacht aktiv.

Ein flauschiges Fell hielt den Körper warm.

Mit seinen spitzen Zähnen packte das Tier glitschige Würmer und zerkaute Insekten und kleine Eidechsen.

Man weiß nicht, ob der Schwanz behaart war oder schuppig wie bei heute lebenden Ratten.

Schnabeligel-Ei

Säugetiere, die Eier legen

Megazostrodon legte wahrscheinlich Eier mit lederartigen Schalen. Auch das Schnabeltier und der Schnabeligel legen Eier. Sie gehören zu einer ungewöhnlichen Säugetiergruppe, die es heute noch gibt.

Platybelodon

Platybelodon gehörte zu einer Familie von seltsamen Verwandten der Elefanten. Im Unterkiefer saßen schaufelartige Zähne. Mit ihnen streiften die Tiere Rinde von Bäumen ab und schlitzten zähe Pflanzen auf.

Steckbrief

- » **Länge:** 3 m
- » **Nahrung:** Pflanzenfresser
- » **Periode:** Neogen
- » **Fundorte:** Afrika, Asien, Europa und Nordamerika

Der größte Platybelodon war etwas kleiner als ein Afrikanischer Elefant.

Wie ein Elefant setzte Platybelodon seinen Rüssel vielseitig ein, z. B. um zu trinken und zu fressen.

An Fossilien kann man erkennen, dass Männchen viel längere Stoßzähne hatten als Weibchen.

Die flachen Zähne ragten aus dem langen Unterkiefer hervor.

Deinotherium

Deinotherium

Dieser frühe Verwandte der Elefanten hatte keine Stoßzähne im Oberkiefer, aber ein Paar nach hinten gekrümmte Zähne unten. Wahrscheinlich zog er mit ihnen Zweige herab, um die Blätter zu fressen.

Die oberen Zähne waren bei Weibchen kürzer.

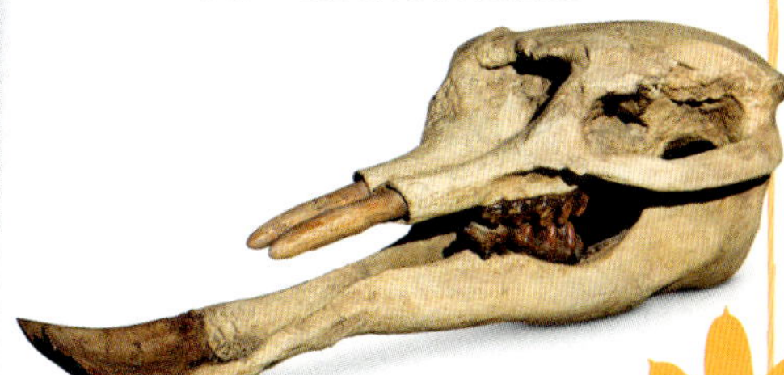

Eiszeiten

Eine Eiszeit ist ein Zeitabschnitt, bei dem die Temperatur auf der Erde so stark absinkt, dass gewaltige Wassermengen gefrieren und Eisschilde das Festland bedecken. Es gab auf der Erde im Lauf ihrer langen Geschichte viele Eiszeiten.

Vor 700 Mio. Jahren war die „Schneeball-Erde“ völlig mit Eis bedeckt.

Zum Höhepunkt der letzten Eiszeit bedeckten riesige Eisschilde einen großen Teil der Nordhalbkugel.

Arctodus

Die Eiszeit

Die letzte Eiszeit erreichte ihren Höhepunkt vor etwa 21 000 Jahren. Die Temperaturen während einer Eiszeit liegen nicht ständig unter dem Gefrierpunkt. Wir befinden uns heute noch immer im Eiszeitalter. Auf der Erde ist es aber zur jetzigen Zeit so warm, dass nur die Pole mit Eisschilden bedeckt sind.

Tiere der Eiszeit

Um während der Eiszeit zu überleben, müssen Tiere an Kälte angepasst sein. Als die Meere zufroren und der Meeresspiegel sank, gab es neue Landbrücken zwischen den Kontinenten und Inseln. Viele Tiere wanderten auf diesen Wegen in andere Erdteile ein.

Mammuts und Amerikanische Mastodons sahen ähnlich aus, aber die Stoßzähne der Mastodons waren nicht so stark gekrümmt.

Amerikanisches Mastodon

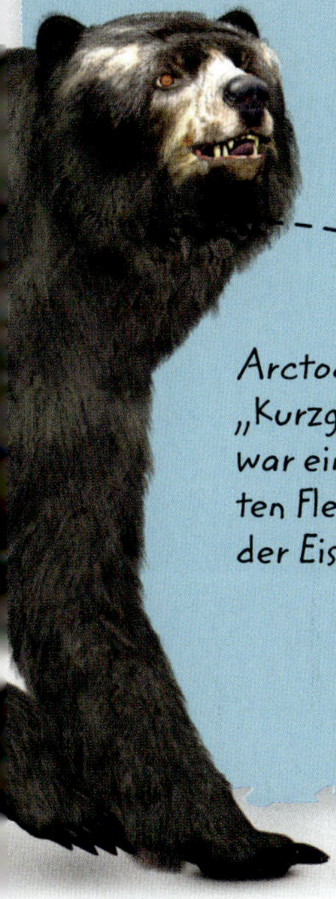

Arctodus, der „Kurzgesicht-Bär“, war einer der größten Fleischfresser der Eiszeit.

Coelodonta

Coelodonta, das Wollnashorn, trug ein langes Fell, das seinen Körper wärmte.

Das Ukok-Plateau in Russland ähnelt einer Mammutsteppe.

Mammutsteppen

Offene Grasländer, die man Mammutsteppen nennt, waren während der Eiszeiten wichtige Lebensräume. Hier lebten Pflanzenfresser wie Mammuts und Bisons in riesigen Herden. Sie wurden von Säbelzahnkatzen und frühen Menschen gejagt.

Megaloceros

Der Riesenhirsch Megaloceros wurde von Menschen gejagt und war vor etwa 8000 Jahren ausgerottet. Man hat Tausende Fossilien von ihm gefunden. Erwachsene Männchen trugen riesige Geweihe, die genauso breit waren wie der Körper lang war.

Steckbrief

- **Länge:** 3,5 m
- **Nahrung:** Pflanzenfresser
- **Periode:** Quartär
- **Fundorte:** Asien und Europa

GRÖSSTER HIRSCH ALLER ZEITEN

Der Hirsch setzte sein Geweih wahrscheinlich bei Kämpfen um die Weibchen ein.

Auf seinen kräftigen Beinen konnte Megaloceros schnell und weit rennen.

Das Geweih bestand aus Kochen. Jedes Jahr fiel es ab, und ein neues, noch größeres wuchs.

Elch

Der Elch

Der Elch ist heute der größte und schwerste Hirsch. Sein schaufelförmiges Geweih kann 2 m Durchmesser haben. Den Männchen wächst jedes Jahr ein neues Geweih.

Mammut

Nicht alle Mammuts hatten wie das Wollhaarmammut ein langes Fell, und nicht alle kamen in kalten Gegenden vor. Die letzten Wollhaarmammuts lebten noch, als in Ägypten die Pyramiden von Gizeh gebaut wurden.

Steckbrief

- **Länge:** 4 m
- **Nahrung:** Pflanzenfresser
- **Periode:** Quartär
- **Fundorte:** Afrika, Asien, Europa und Nordamerika

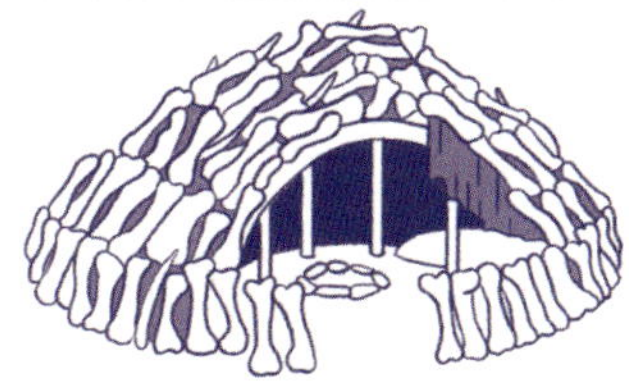

Während der Eiszeit bauten Menschen Hütten aus Mammutknochen.

Ein dichtes, zotteliges Fell hielt das Wollhaarmammut warm.

Die riesigen Stoßzähne waren nach innen gekrümmt. Mit ihnen gruben die Tiere in der Erde und kämpften.

Wie ihre Verwandten, die heutigen Elefanten, hatten Mammuts einen langen Rüssel, mit dem sie Futter greifen konnten.

Das Mammut hatte einen kurzen Schwanz, der nicht so leicht erfrieren konnte.

Mammuts im Eis

Man hat viele Mammuts gefunden, die im Eis eingeschlossen waren. Bei manchen sind die Haut, die Organe und die letzte Mahlzeit erhalten. Einige Mammutbabys haben sogar noch Milch im Magen.

Dieses Mammutbaby blieb im Eis erhalten.

Smilodon

Smilodon nennt man wegen der langen Zähne auch Säbelzahnkatze. Sie ragten aus dem Oberkiefer. Das Raubtier tötete damit die Beute. Vorher schlich es sich wahrscheinlich an das Opfer heran.

Steckbrief

- **Länge:** 2 m
- **Nahrung:** Fleischfresser
- **Periode:** Quartär
- **Fundorte:** Nord- und Südamerika

Mit kräftigen Muskeln am Hals und an den Beinen konnte Smilodon Beute packen und festhalten.

Smilodon hatte einen kurzen Schwanz, anders als die meisten Katzen heute.

Die Eckzähne waren spitz, sodass sie Fleisch durchdringen konnten.

Thylacosmilus

Obwohl dieses Tier wie Smilodon aussah, war es keine Katze, sondern mit den Beuteltieren verwandt. Im Unterkiefer hatte es eine Knochenverlängerung, die vielleicht die großen Zähne schützte.

Thylacosmilus

Das Raubtier hatte scharfe Backenzähne, mit denen es Fleisch zerkleinern konnte.

Glyptodon

Dieses Tier war so groß wie ein Kleinwagen und hatte einen Panzer, der aus über tausend Knochenplatten bestand. So war das Glyptodon vor Raubtieren wie den Säbelzahnkatzen gut geschützt.

Steckbrief

- **Länge:** 3,5 m
- **Nahrung:** Pflanzenfresser
- **Periode:** Quartär
- **Fundorte:** Nord- und Südamerika

Die Knochenplatten des Panzers waren ungefähr 2,5 cm dick.

Gürteltier

Glyptodon war ein riesiger urzeitlicher Verwandter der heute lebenden Gürteltiere. Diese Säugetiere haben ebenfalls einen Panzer, und einige können sich kugelig zusammenrollen.

Brasilianisches Dreibindengürteltier

Canis dirus

Canis ist der wissenschaftliche Name einiger Mitglieder der Familie der Hunde. Canis dirus, der Schreckliche Wolf, war ein Jäger und Aasfresser der Eiszeit. Er lebte zur gleichen Zeit wie die Säbelzahnkatzen und hat vielleicht mit ihnen gekämpft.

Steckbrief

- » **Länge:** 1,5 m
- » **Nahrung:** Fleischfresser
- » **Periode:** Quartär
- » **Fundorte:** Nordamerika

Der Schreckliche Wolf war etwas größer und um einiges schwerer als der heutige Wolf.

La-Brea-Asphaltgruben

Vor etwa 10 000 bis 50 000 Jahren blieben Tiere im zähen Asphalt dieser Gruben in Los Angeles (USA) stecken. Man hat mehr als 200 000 Überreste von Schrecklichen Wölfen entdeckt.

Gase steigen im Asphalt auf und bilden Blasen.

Megatherium

Das Megatherium war eines der größten Faultiere, die es je gab – so groß wie ein Elefant. Es war das größte Landsäugetier Südamerikas. Megatherium lebte am Boden und grub riesige Baue – anders als die viel kleineren Faultiere, die es heute gibt.

Steckbrief

- **Länge:** 6 m
- **Nahrung:** Pflanzenfresser
- **Periode:** Neogen
- **Fundorte:** Südamerika

Wir wissen, dass einige Riesenfaultiere hell- oder dunkelbraunes Fell hatten, denn man hat Reste davon in Höhlen gefunden.

Mit seinen Krallen grub das Tier Baue. Man weiß das, weil man versteinerte Baue mit Krallenspuren von Megatherium gefunden hat.

Mit dem Schwanz stützte das Tier seinen schweren Körper ab, wenn es aufrecht stand, um Blätter oder Früchte von Bäumen zu holen.

Faultiere

Die Faultiere, die es heute gibt, leben in den tropischen Regenwäldern Mittel- und Südamerikas auf Bäumen. Im Vergleich zu ihren Verwandten der Urzeit sind sie sehr klein. Sie wiegen meistens nicht einmal 5 kg.

Dreizehenfaultier

Der britische Naturforscher Charles Darwin entdeckte 1832 in Argentinien die ersten Fossilien von Megatherium.

Frühe Menschen

Wir gehören zur Menschenart Homo sapiens und sind heute die einzigen Menschen auf der Erde. Diese Säugetiergruppe hat sich vor 2-3 Mio. Jahren in Afrika entwickelt. Forscher untersuchen Fossilien von verschiedenen Menschenarten, um zu verstehen, wie wir uns entwickelt haben.

Entwicklung der Menschen

Ungefähr zehn Arten, die zur Gruppe der Homo gehören, nennt man Menschen. Sie entwickelten sich aus affenähnlichen Vorfahren. In der Vergangenheit lebten mehrere Menschenarten zur gleichen Zeit auf der Erde.

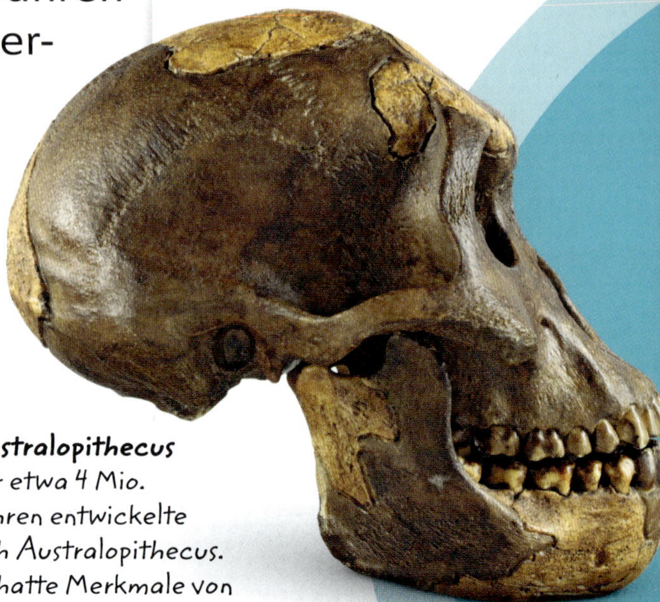

Australopithecus
Vor etwa 4 Mio. Jahren entwickelte sich Australopithecus. Er hatte Merkmale von Menschenaffen und von Menschen. Die Forscher sind sich einig, dass die Menschen sich aus Australopithecus entwickelt haben.

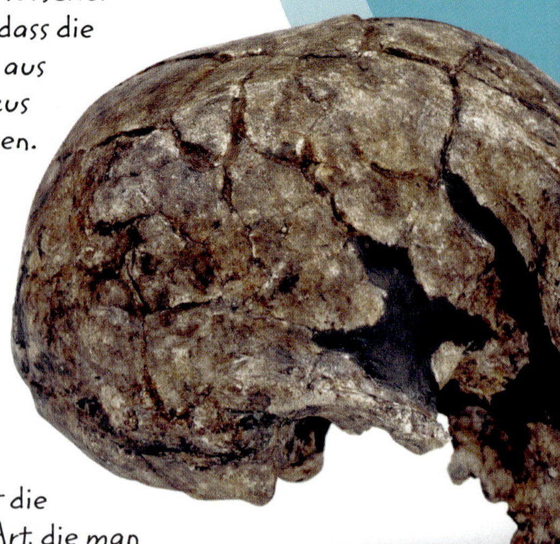

Homo habilis
Diese Art entstand vor etwa 2,5 Mio. Jahren in Afrika. Sie ist die älteste Homo-Art, die man kennt. Diese Frühmenschen benutzten Steinwerkzeuge.

Der aufrechte Gang

Ein Wendepunkt in der Evolution der frühen Menschen war, dass sie aufrecht auf zwei Beinen liefen. Die Menschen lebten nicht länger auf Bäumen und konnten schnell rennen, was auf der Jagd ein Vorteil war.

Australopithecus war einer der ersten Menschenaffen, die aufrecht liefen.

Homo sapiens
Moderne Menschen entwickelten sich vor 200 000 oder 300 000 Jahren. Mit ihrem großen Gehirn können sie komplizierte Probleme lösen. Sie leben in sozialen Gruppen.

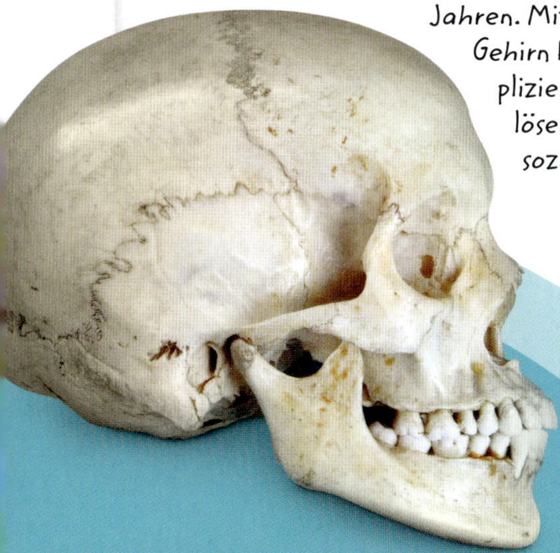

Werkzeuge

Frühe Menschen waren so intelligent, dass sie Werkzeuge herstellen und benutzen konnten. Die ältesten Steinwerkzeuge sind 2,5 Mio. Jahre alt. Mit ihnen konnten die Frühmenschen Beutetiere töten und zerteilen.

Faustkeil (Nachbildung)

Homo neanderthalensis
Die Neandertaler starben vor etwa 40 000 Jahren aus. Es gibt Hinweise darauf, dass Neandertaler mit Homo sapiens Nachkommen gezeugt haben.

Homo erectus
Homo erectus trat vor etwa 2 Mio. Jahren auf. Diese Menschen lebten in Afrika, Asien und Europa. Sie waren so groß wie wir.

Uralte Höhlenmalereien zeigen Mammuts und andere ausgestorbene Tiere.

Ausgelöscht

Wenn eine Art ausstirbt, ist sie für immer von der Erde verschwunden. Das kann verschiedene Gründe haben. Als ein Meteorit einschlug, sind die Dinosaurier ausgestorben. Auch durch Klimaveränderungen, die Jagd, den Meeresspiegelanstieg oder die Zerstörung von Lebensräumen können Arten aussterben.

Von Fossilien wissen wir, dass frühe Menschen die Wollhaarmammuts ausgerottet haben. Sie aßen das Fleisch, stellten Werkzeuge aus den Knochen her und bauten daraus Häuser.

In jüngster Zeit ausgestorbene Tiere

Menschen sind die gefährlichsten Jäger auf der Erde und haben schon viele Tiere ausgerottet. Heute sind zum Beispiel das Spitzmaulnashorn und der Borneo-Orang-Utan vom Aussterben bedroht.

Der Tasmanische Tiger war ein Beuteltier, das dem Wolf ähnelte. Der letzte Tasmanische Tiger starb 1936, nachdem man die Tiere bejagt und ihre Lebensräume zerstört hatte.

Moas waren große flugunfähige Vögel, die in Neuseeland lebten. Als Menschen Neuseeland besiedelten, jagten sie die Vögel. Vor mehr als 500 Jahren sind sie ausgestorben.

Die Dronte hatte auf der Insel Mauritius keine Fressfeinde, bis Seefahrer dort ankamen. Zum Ende des 17. Jahrhunderts waren die Dronten ausgestorben.

Übersicht

In diesem Buch werden nur einige der vielen Pflanzen und Tiere vorgestellt, die es in der Urzeit gab. Niemand kann sagen, wie viele Arten es einst gab, es waren viele Tausend. Hier sind die Lebewesen dieses Buchs im Überblick:

Glossar

Ammoniten
Wirbellose Meerestiere mit einem spiralförmigen Gehäuse. Ammoniten lebten im Erdmittelalter und waren Verwandte der heute lebenden Tintenfische.

Amphibien
Diese wechselwarmen Wirbeltiere können an Land und im Wasser leben. Ihre Eier legen fast alle im Wasser ab. Zur Gruppe gehören z. B. die Frösche und Salamander.

Ankylosaurier
Diese pflanzenfressenden Dinosaurier, zu denen Borealopelta gehörte, trugen schwere Panzer.

Ära
Ein Abschnitt der Erdgeschichte, den man in Perioden unterteilt.

Art
So nennt man eine Gruppe von Lebewesen, wie z. B. Blaumeisen oder Eichhörnchen, die ähnlich aussehen und die gemeinsam fruchtbare Nachkommen hervorbringen können.

Aussterben
Wenn eine Art für immer von der Erdoberfläche verschwindet. Das kann verschiedene Gründe haben, wie die Zerstörung ihres Lebensraums, die Bejagung oder Klimaveränderungen.

Balz
Wenn ein Männchen versucht, ein Weibchen zu beeindrucken, um mit ihr Nachkommen zu zeugen. Das kann durch ein besonderes Körperteil wie ein Rückensegel geschehen, durch laute Geräusche oder einen Tanz.

Beute
Ein Tier, das von einem anderen Tier getötet und gefressen wird.

Beuteltiere
Säugetiere, wie z. B. Kängurus und Koalas, bei denen die Jungen in einem Beutel am Bauch der Mutter heranwachsen.

Dinosaurier
Mitglieder einer erfolgreichen Reptiliengruppe, die sich in der Trias entwickelte. Die Beine standen senkrecht unter dem Körper. Die Vögel sind direkte Nachkommen der Dinosaurier.

Eiszeit
Eine lange Zeit, in der die Temperaturen überall auf der Erde niedrig sind und große Gebiete von Eisschilden bedeckt sind.

Evolution
Bei diesem Prozess verändern sich die Lebewesen im Lauf vieler Generationen allmählich.

Fische
Diese Wirbeltiere leben im Wasser und atmen mit Kiemen den Sauerstoff, der im Wasser gelöst ist.

Flugsaurier
Diese Reptilien waren die ersten Wirbeltiere, die fliegen konnten.

Fossilien
Versteinerte Überreste eines Lebewesens der Urzeit.

gleichwarm
Bei gleichwarmen Tieren, wie den Vögeln und Säugetieren ist die Körpertemperatur immer gleich hoch.

Gliederfüßer
Diese wirbellosen Tiere haben ein robustes Außenskelett. Körper und Beine sind gegliedert. Dazu zählen z. B. die Insekten und die Krebse.

Horndinosaurier
Diese Pflanzenfresser hatten oft riesige Hörner und Nackenschilde. Triceratops gehörte zu ihnen.

Ichthyosaurier
Diese Meeresreptilien ähnelten Delfinen. Die Ichthyosaurier entwickelten sich am Anfang der Trias.

Menschenaffen
Zu den Menschenaffen gehören die Gorillas, Schimpansen und Orang-Utans. Sie haben keinen Schwanz.

Meteorit
Ein Gesteinsbrocken aus dem Weltall, der auf der Erde einschlägt.

Mikroorganismen
So bezeichnet man winzige Lebewesen, die man ohne Mikroskop nicht erkennen kann, wie z. B. Einzeller und Bakterien.

nachtaktiv
Ein Tier, das nachts aktiv ist und während des Tages schläft.

Pachycephalosaurier
Diese Dinosaurier hatten ein extrem dickes Schädeldach.

Paläontologen
Wissenschaftler, die die Erdgeschichte erforschen.

Periode
Ein Abschnitt der Erdgeschichte. Karbon oder Jura sind Perioden. Mehrere Perioden werden zu einer Ära zusammengefasst.

Räuber
Ein Tier, das andere Tiere jagt, tötet und frisst.

Reptilien
Diese wechselwarmen Wirbeltiere haben eine schuppige Haut. Dazu gehören z. B. Krokodile, Schlangen und Schildkröten. Reptilien legen ihre Eier an Land.

Samen
Mit Samen vermehren sich viele Pflanzen. Wenn ein Same keimt, wächst eine junge Pflanze heran.

Säugetiere
Gleichwarme Tiere, wie Katzen oder Mäuse, die ihre Jungen mit Milch säugen. Die meisten haben ein Fell oder Haare.

Sauropoden
Diese riesigen Dinosaurier, zu denen Diplodocus gehörte, fraßen Pflanzen. Sie hatten lange Hälse und Schwänze.

Sporen
Pilze, Moose, Farne und andere Lebewesen bilden diese winzigen Körnchen, um sich zu vermehren.

Stegosaurier
Diese pflanzenfressenden Dinosaurier, zu denen Stegosaurus gehörte, trugen zwei Reihen mit Platten oder Stacheln am Hals, Rücken und Schwanz.

tektonische Platten
Aus diesen riesigen Gesteinsplatten besteht die Erdkruste. Sie driften langsam über eine Schicht aus zähflüssigem, heißem Gestein.

Tetrapoden
Wirbeltiere, die auf vier Beinen laufen. Manche, wie die Vögel und Delfine, haben ihre Beine zu Flügeln oder Flossen umgebildet.

Theropoden
Meist fleischfressende Dinosaurier mit scharfen Krallen, wie z. B. Tyrannosaurus. Einige Theropoden waren Pflanzenfresser oder Allesfresser.

Trilobiten
Diese wirbellosen Tiere lebten im Erdaltertum im Meer. Ihr Panzer war in drei Abschnitte unterteilt.

Vögel
Gleichwarme Wirbeltiere mit Federn und einem Schnabel. Vögel haben sich aus der Dinosauriergruppe der Theropoden entwickelt. Sie legen Eier mit harten Schalen.

wechselwarm
Bei wechselwarmen Tieren wie Fröschen und Eidechsen bestimmt die Temperatur der Umgebung die Körpertemperatur.

wirbellose Tiere
Diese Tiere haben keine Wirbelsäule und kein Skelett aus Knochen.

Wirbeltiere
Tiere mit einer Wirbelsäule, einem Schädel und einem Skelett aus Knochen oder Knorpel im Körper.

Register

A

B

C

D

E

F

G

H

IJ

K

L

M

NO

P

QR

S

T

VWZ

Dank und Bildnachweis

Dean Lomax dankt Natalie Turner für die Redaktion der ersten Ausgabe dieses Buchs.

Der DK Verlag dankt Marie Greenwood für die Lektoratsassistenz, Bettina Myklebust Stovne für ihre Illustrationen, Peter Minister und James Kuether für die CGI-Illustrationen, Simon Mumford für die Erstellung der Karten und Helen Peters für das Register.

Der Verlag dankt folgenden Personen und Institutionen für die freundliche Genehmigung zum Abdruck von Fotos:

(Abkürzungen: o = oben, u = unten, m = Mitte, g = ganz, l = links)

2 Dorling Kindersley: Jon Hughes (um). **Dreamstime.com:** Alexander Potapov (gom). **4–5 Dreamstime.com:** Supakit Kumwiwat (Hintergrund). **Science Photo Library:** Lynette Cook. **5 Alamy Stock Photo:** Jane Gould (mru), Science History Images / Photo Researchers (mru). **6 123RF.com:** Corey A. Ford (ur). **Alamy Stock Photo:** Science Photo Library / Steve Gschmeissner (m). **Dreamstime.com:** Alexander Potapov (ul). **6–7 Dreamstime.com:** Supakit Kumwiwat. **7 123RF.com:** Corey A. Ford (gor). **Alamy Stock Photo:** Nigel Cattlin (um). **Dorling Kindersley:** James Kuether (mo). **Science Photo Library:** Claus Lunau (ur). **8 Dreamstime.com:** Mopic (gor). **8–9 Dreamstime.com:** Supakit Kumwiwat. **9 Alamy Stock Photo:** John Cancalosi (ur), Universal Images Group North America LLC / DeAgostini (gor). **Dorling Kindersley:** James Kuether (mr). **Dreamstime.com:** Corey A. Ford (gol). **10–11 Dreamstime.com:** Supakit Kumwiwat. **11 Alamy Stock Photo:** Derek Trask (gol). **12–13 Dreamstime.com:** Supakit Kumwiwat (Hintergrund). **Science Photo Library:** Dirk Wiersma. **13 Dorling Kindersley:** Natural History Museum, London (mro). **14–15 Dreamstime.com:** Supakit Kumwiwat. **15 Alamy Stock Photo:** incamerastock / ICP (mro). **Dorling Kindersley:** Oxford University Museum of Natural History (gol). **16 Dreamstime.com:** Johannesk (um), suriya silsaksom khunaspix@yahoo.co.th (gor). **16–17 Dreamstime.com:** Supakit Kumwiwat. **17 123RF.com:** Koosen (mro). **Alamy Stock Photo:** Don Johnston_WU (ur). **Dreamstime.com:** Jolanta Dabrowska (gol), Irochka (m). **Getty Images:** Paul Starosta (gom). **18 Alamy Stock Photo:** Dominic Jones (r). **19 Alamy Stock Photo:** Hoberman Publishing (mru). **Dorling Kindersley:** Natural History Museum, London (ul). **20–21 Dreamstime.com:** Supakit Kumwiwat. **21 Dorling Kindersley:** Oxford Museum of Natural History (mr), Swedish Museum of Natural History (um). **22 Dreamstime.com:** Corey A. Ford (ul). **23 Alamy Stock Photo:** Zoonar GmbH (ul). **Dreamstime.com:** Alexander Potapov (mro). **24 123RF.com:** Corey A Ford (ul). **24–25 Dreamstime.com:** Supakit Kumwiwat. **25 123RF.com:** Sebastian Kaulitzki (um). **Dorling Kindersley:** Natural History Museum, London (om). **iStockphoto.com:** Mark Kostich (mro). **Science Photo Library:** Jaime Chirinos (m). **26 Alamy Stock Photo:** Universal Images Group North America LLC / DeAgostini (mlu), Dotted Zebra (mr). **27 Alamy Stock Photo:** Eng Wah Teo (um). **Dreamstime.com:** Planetfelicity (m). **28 Alamy Stock Photo:** Jason Bazzano (ur), Ivan Vdovin (ul). **Science Photo Library:** Walter Myers (m). **29 Dorling Kindersley:** James Kuether (m). **30 iStockphoto.com:** vlad61 (ur). **31 Alamy Stock Photo:** Wild Places Photography / Chris Howes (mro). **Dr. Dean Lomax:** Bielefeld Natural History Museum (mlu). **Science Photo Library:** Georgette Douwma (ur). **32 Alamy Stock Photo:** Stocktrek Images, Inc. / Nobumichi Tamura (um). **Dreamstime.com:** Corey A Ford (ul). **33 Dr Dean Lomax:** Wyoming Dinosaur Center (mru). **Dreamstime.com:** Andriy Bezuglov (um). **34 Dorling Kindersley:** Oxford University Museum of Natural History (ml). **Dreamstime.com:** Eugene Sim Junying (ur). **35 Shutterstock.com:** Dan Bagur (ur). **36 Dreamstime.com:** Corey A Ford (mr). **37 123RF.com:** Corey A. Ford. **Fotolia:** Roque141 (mr). **38 Alamy Stock Photo:** All Canada Photos / Stephen J. Krasemann (ul). **39 Alamy Stock Photo:** Sabena Jane Blackbird (ul), Stocktrek Images, Inc. / Nobumichi Tamura (m), Nature Photographers Ltd / Paul R. Sterry (ur). **40 Dorling Kindersley:** Natural History Museum, London (ul). **Dreamstime.com:** Wrangel (ur). **Science Photo Library:** Mikkel Juul Jensen (m). **41 Dorling Kindersley:** Natural History Museum, London (um). **Dreamstime.com:** Mark Turner (m), Willtu (ul). **42 Alamy Stock Photo:** Science History Images / Gwen Shockey (mro). **42–43 Dorling Kindersley:** James Kuether (m). **Dreamstime.com:** Supakit Kumwiwat. **43 Alamy Stock Photo:** Paulo Oliveira (mr). **Science Photo Library:** Richard Bizley (gor). **44 Dorling Kindersley:** James Kuether (um). **45 Science Photo Library:** Millard H. Sharp (ur). **46 Alamy Stock Photo:** Corbin17 (ml). **Dorling Kindersley:** James Kuether (ur). **47 Dorling Kindersley:** Natural History Museum, London (ul). **Dreamstime.com:** Anna Kucherova / Photomaru (ur). **48 James Kuether:** (um). **48–49 Alamy Stock Photo:** Science Photo Library / Mark Garlick (go). **Dreamstime.com:** Supakit Kumwiwat. **James Kuether:** (m). **50 Alamy Stock Photo:** Phil Degginger (ul), Mohamad Haghani (m). **Science Photo Library:** Sinclair Stammers (ur). **51 123RF.com:** Mark Turner (mr). **Dorling Kindersley:** Jon Hughes (ur). **Dr. Dean Lomax:** Wyoming Dinosaur Center (ml). **52 Alamy Stock Photo:** National Geographic Image Collection (ur). **Dreamstime.com:** Mikhail Blajenov / Starper (mlu). **53 Alamy Stock Photo:** Michael Wheatley / Modell von Charlie Brinson (mru). **Dreamstime.com:** Mark Turner (m). **54 Dreamstime.com:** Corey A. Ford (gor). **54–55 Dreamstime.com:** Supakit Kumwiwat. **55 Dorling Kindersley:** Jon Hughes (ur), Natural History Museum, London (mr). **56–57 Dreamstime.com:** Supakit Kumwiwat. **58 Dreamstime.com:** Leonello Calvetti (mru). **59 Dorling Kindersley:** Natural History Museum, London (mru). **60 Science Photo Library:** Dirk Wiersma (ur). **61 Alamy Stock Photo:** The Natural History Museum, London (ul). **Dreamstime.com:** Linda Bucklin (um). **62 Dorling Kindersley:** Natural History Museum (mlu). **63 Dorling Kindersley:** Natural History Museum, London (ul). **64 123RF.com:** Corey A. Ford (mr). **Dorling Kindersley:** Senckenberg Gesellschaft für Naturforschung Museum (mlu). **64–65 Dreamstime.com:** Supakit Kumwiwat. **66 James Kuether:** (m). **Mit freundlicher Genehmigung vom Royal Tyrrell Museum, Drumheller, AB:** (mru). **67 Alamy Stock Photo:** Minden Pictures / Donald M. Jones (mru). **Dorling Kindersley:** Oxford Museum of Natural History (ul). **68 Dorling Kindersley:** Natural History Museum, London (mlu). **69 Dorling Kindersley:** Greg und Yvonne Dean (ur), James Kuether (m). **70 Alamy Stock Photo:** Leonello Calvetti (m). **Dorling Kindersley:** American Museum of Natural History (ur). **71 Dreamstime.com:** Iakov Filimonov (ur). **72–73 Alamy Stock Photo:** Science Photo Library / Mark Garlick. **Dreamstime.com:** Supakit Kumwiwat (Hintergrund). **75 Alamy Stock Photo:** Andrew Rubtsov (mlu). **76 Dorling Kindersley:** Booth Museum of Natural History, Brighton (um). **77 Alamy Stock Photo:** Stocktrek Images, Inc. / Nobumichi Tamura (m). **Science Photo Library:** Science Source / Millard H. Sharp (ur). **78 Dorling Kindersley:** NASA / Simon Mumford (ul). **78–79 Dorling Kindersley:** James Kuether (m). **Dreamstime.com:** Supakit Kumwiwat. **79 123RF.com:** Anton Petrus (ul). **Alamy Stock Photo:** Stocktrek Images, Inc. / Nobumichi Tamura (gor). **Dorling Kindersley:** Jon Hughes (m). **80 Alamy Stock Photo:** Accent Alaska.com (mru). **Dorling Kindersley:** Natural History Museum, London (um). **Science Photo Library:** Roman Uchytel (um). **81 Alamy Stock Photo:** Aflo Co. Ltd. / Nippon News (um). **82 Dorling Kindersley:** Natural History Museum, London (ur). **Dreamstime.com:** Valentyna Chukhlyebova (m). **83 Alamy Stock Photo:** BIOSPHOTO / Eric Isselee (ur). **Dorling Kindersley:** Natural History Museum, London (ul). **84 Alamy Stock Photo:** Martin Shields (ur). **Dreamstime.com**: Maria Itina (ul). **85 Dreamstime.com**: Seadam (um). **86 Alamy Stock Photo:** The Natural History Museum, London (ur). **Dorling Kindersley:** Oxford Museum of Natural History (mr). **Science Photo Library:** Mauricio Anton (mlu). **86–87 Dreamstime.com:** Supakit Kumwiwat. **87 Dorling Kindersley**: Natural History Museum, London (ul), Royal Pavilion & Museums, Brighton & Hove (mr). **Science Photo Library:** Paul Rapson (mlo). **88–89 Dreamstime.com:** Supakit Kumwiwat. **89 Depositphotos Inc:** PhotosVac (mro).**Dreamstime.com:** Corey A. Ford (ur). **90 123RF.com:** Corey A. Ford (um/Meganeura). **Alamy Stock Photo:** Dominic Jones (mlo), Dotted Zebra (ml), Stocktrek Images, Inc. / Nobumichi Tamura (mr, mru). **Dorling Kindersley:** James Kuether (m, ul/Tiktaalik). **Dreamstime.com:** Corey A. Ford (mro, um), Planetfelicity (ml/Hallucigenia), Mark Turner (ul). **James Kuether:** (ur, ur/Mixosaurus). **Science Photo Library:** Mikkel Juul Jensen (mru/Helicoprion), Walter Myers (ml/Paraceraurus). **90–91 Dreamstime.com:** Supakit Kumwiwat. **91 123RF.com**: Corey A. Ford (m), Mark Turner (gom). **Alamy Stock Photo:** Leonello Calvetti (um/T-rex), Science Photo Library / Mark Garlick (gol), Stocktrek Images, Inc. / Nobumichi Tamura (ul), Mohamad Haghani (gom/Mosasaurus). **Dorling Kindersley:** Jon Hughes (om), James Kuether (um). **Dreamstime.com:** Linda Bucklin (mro), Mark Turner (gor), Corey A. Ford (mlo), Valentyna Chukhlyebova (um/Säbelzahnkatze). **James Kuether:** (mlu). **Science Photo Library:** Roman Uchytel (um). **92 123RF.com:** Corey A. Ford (gor). **James Kuether:** (ul). **92–93 Dreamstime.com:** Supakit Kumwiwat. **94 Alamy Stock Photo:** Ivan Vdovin (gom). **Dorling Kindersley:** Oxford University Museum of Natural History (ul). **94–95 Dreamstime.com:** Supakit Kumwiwat. **96 Brian Fernando:** (ur). **Dreamstime.com:** Supakit Kumwiwat.

Cover: *Vorn:* **Alamy Stock Photo:** Leonello Calvetti mru; **Dorling Kindersley:** Jon Hughes ur, **Oxford University Museum of Natural History** gom; **Dreamstime.com:** Valentyna Chukhlyebova gol, Corey A. Ford mlo; **Science Photo Library:** Dirk Wiersma m/ (Klaue); *Hinten:* **Alamy Stock Photo:** dotted zebra gor/ (Dickinsonia), Andrew Rubtsov gol/ (Schädel); **Dorling Kindersley:** Jon Hughes mro, **Oxford University Museum of Natural History** mo/ (Ammonit); Science Photo Library: Dirk Wiersma gogr; *Rücken:* **Science Photo Library:** Dirk Wiersma go/ (Klaue).

Vorsatz: *Vorn:* **123RF.com:** Mark Turner (um), **Alamy Stock Photo:** Leonello Calvetti (mgl), Nigel Cattlin (om), gepunktetes Zebra (m), Mohamad Haghani (mgr), Stocktrek Images, Inc. / Nobumichi Tamura (gom), Universal Images Group North America LLC / DeAgostini (gol), **Dorling Kindersley:** Jon Hughes (gor), **Dreamstime.com:** Corey A Ford (gol), Alexander Potapov (ul), Mark Turner (mugl), **Science Photo Library:** Jaime Chirinos (om, Teratorn); *hinten:* **Alamy Stock Photo:** All Canada Photos / Stephen J. Krasemann (gor, Dunkleosteus), Corbin17 (ur), Phil Degginger (gol), Andrew Rubtsov (mogl, Schädel), **Dorling Kindersley:** American Museum of Natural History (um, T-Rex), Natural History Museum (mlu), Natural History Museum, London (gor, mr, mogl, ul, gom: Triceratops, gom: Megalania), (um, um: Zahn, gum), Oxford Museum of Natural History (mugl, mru), Oxford University Museum of Natural History (mro), Swedish Museum of Natural History (mugr), **Getty Images / iStock:** Mark Kostich (mgr, m), **Science Photo Library:** Science Source / Millard H. Sharp (ogr), Millard H. Sharp (om), Dirk Wiersma (gom).

Weitere Informationen unter: www.dkimages.com

Über den Autor

Dr. Dean Lomax ist Paläontologe und Autor. Er interessierte sich schon als Kind für Dinosaurier und ist heute ein Ichthyosaurier-Experte, der fünf neue Arten beschrieben und benannt hat. Oft tritt er als Experte im Fernsehen auf. Für den DK Verlag hat er auch *Besuch vom Dino-Forscher* geschrieben.

Noch mehr Bücher für Dino-Fans:

memo Kids. Dinosaurier
ISBN 978-3-8310-2590-9
€ 7,95 [D] / 8,20 [A]

Weshalb? Deshalb! Dinos
ISBN 978-3-8310-4058-2
€ 14,95 [D] / 15,40 [A]

Dino-Parade von A bis Z
ISBN 978-3-8310-3474-1
€ 16,95 [D] / 17,50 [A]

Was weißt du über Dinos?
ISBN 978-3-8310-3695-0
€ 16,95 [D] / 17,50 [A]

DK
www.dk-verlag.de